ÜBERLEGUNGEN ZUR REIHE »FASZINATION PHILOSOPHIE«

Die Faszination, die von der Philosophie unzerstörbar ausgeht, sollte eigentlich überraschen. Denn keine andere Disziplin ist so oft für tot erklärt worden wie die Philosophie, und so vieles an der Struktur der gegenwärtig dominierenden Diskurse wie der zeitgenössischen Lebensform ist dem Wesen der Philosophie fremd, ja feindlich. Wenn hier eine neue Reihe eröffnet wird, die sich zu der Faszinationskraft der Philosophie schon im Titel bekennt, muss, vor der Darlegung des Konzepts dieser Reihe, den Gründen für die andauernde Vitalität dieser so alten Wissenschaft nachgegangen werden.

Einerseits scheint die schier unermessliche Zunahme des menschlichen Wissens in den letzten vier Jahrhunderten die Philosophie zunehmend überflüssig gemacht zu haben. Viele Fragen, deren Beantwortung sich traditionell die Philosophie angemaßt hatte, sind nun den Einzelwissenschaften überantwortet und zum Teil einer befriedigenden Lösung zugeführt worden. Die Entwicklung des historischen Bewusstseins hat uns gleichzeitig mit einer solchen Vielfalt unterschiedlicher philosophischer Denkformen seit zweieinhalbtausend Jahren konfrontiert, dass der Zweifel wächst, dass es in der Philosophie je möglich sein wird, zu einem demjenigen in den Wissenschaften auch nur vergleichbaren Konsens zu kommen.

Und doch hat andererseits der positivistische Glaube des 19. Jahrhunderts, das Zeitalter der Wissenschaften würde das der Religion und das der Metaphysik endgültig ablösen, sich als abwegige Irrlehre erwiesen. Nicht nur sind religiöse Sinnbedürfnisse durch wissenschaftliche Ergebnisse nicht zu stillen; es bleiben genügend theoretische Fragen, die für die menschliche Vernunft unabweisbar sind, auch wenn die Einzelwissenschaften ihnen nicht gewappnet sind. Dazu gehören erstens alle Fragen normativer Art. Der Begriff »normativ« ist hier im umfassenden Sinne gemeint; er soll nicht nur ethische, sondern auch erkenntnistheoretische und ästhetische Normen übergreifen. So ist zunächst klar, dass die Wissenschaft ihren eigenen Erkenntnisanspruch nicht zu rechtfertigen vermag. Sicher ist ihr Erfolg bestechend, aber etwa eine instrumentalistische Interpretation der Wissenschaft, die ihr einen Zugang zum Wesen der Wirklichkeit abspricht, ist mit diesem Erfolg durchaus vereinbar – man denke nur an Kants *Kritik der reinen Vernunft*. Der Erfolg der Wissenschaft kann also nicht die Frage beantworten, welche Schichten der Wirklichkeit die Wissenschaft erfasst. Diese Frage transzendiert die Wissenschaft und fällt in den Bereich der Erkenntnistheorie. Eine naturwissenschaftliche Fundierung der Erkenntnistheorie ist aber schon deswegen eine absurde Idee, weil es die Erkenntnistheorie ist, vor der sich der Erkenntnisanspruch der Wissenschaft ausweisen muss – die Entwicklung erkenntnistheoretischer Normen geht ihr also voraus.

Ähnlich ist es einsichtig, dass die Ethik nie durch die Sozialwissenschaften absorbiert werden können wird. Die Sozialwissenschaften lehren uns, was der Fall ist; sie erklären, wie bestimmte Normensysteme in einzelnen Kulturen zustande gekommen sind; aber herauszufinden, ob diese Normen im eminenten Sinn des Worts *gelten*, also gerecht oder anerkennungswürdig sind, entzieht sich ihren Methoden. Die Tatsache, dass die Frage »Was soll ich tun?« (sozial)wissenschaftlich nicht beantwortet werden kann, bedeutet natürlich nicht, dass die Frage sinnlos ist; sie zeigt vielmehr, dass es töricht wäre, die Grenzen der (Sozial-)Wissenschaften zu den Grenzen der Vernunft erklären zu wollen. Gewiss heißt das nicht, dass die Ethik nicht von den Sozial- und Naturwissenschaften lernen sollte; aber es gibt einen auf alle Einzelwissenschaften irreduziblen Kern der Ethik, der die Faszination und Langlebigkeit der Philosophie auch in der Ära der Wissenschaft ausreichend erklärt. Zwar hat es Kulturen ohne Philosophie gegeben, in denen Religion und Mythos die metaphysischen und moralischen Fragen der Menschen beantworteten, aber dabei handelte es sich stets um Kulturen ohne Wissenschaft; eine Kultur, in der es zwar hoch ausgebildete Wissenschaften, aber keine Philosophie mehr gäbe, wäre keine menschliche Kultur mehr.

Analog können alle Fortschritte der Kunstwissenschaften (einschließlich der Musik- und Literaturwissenschaften) die traditionelle ästhetische Frage, ob und warum ein Kunstwerk schön sei und wieso es sinnvoll sei, sich mit Kunst zu befassen, nicht beantworten. Untersuchungen über den Ursprung ebenso wie über die Rezeption eines Kunstwerks sind sicher wichtig; aber sie umkreisen nur die eigentliche ästhetische Frage, die ohne erkenntnistheoretische und ethische Zurüstungen nicht zu lösen ist.

Aber nicht nur dort, wo normative Fragen auftauchen, ist die Philosophie, ob gern gesehener Gast oder nicht, ja ob sichtbar oder nicht, unweigerlich dabei. Selbst wenn es nur um deskriptive Fragen geht, stoßen die Einzelwissenschaften unweigerlich auf Grenzen, die sich aus ihrer axiomatischen Struktur ergeben. Die Mathematik etwa setzt voraus, dass es Mengen und Zahlen gibt. Warum es sie gibt und was ihr ontologischer Status ist, das muss sie offen lassen, auch wenn es sich dabei durchaus um legitime Fragen handelt. (Sicher gibt es sinnlose Fragen. Aber es ist nicht so einfach, genau festzulegen, was zu ihnen gehört, und wer über keine präzise Theorie darüber verfügt, sollte im Zweifelsfall stets eine Frage zulassen; sonst gerät er zu Recht in den Verdacht, er wolle die eigene Position vor kritischen Rückfragen immunisieren.) In der Klärung der Grundbegriffe und Grundannahmen sowie der Methoden der Wissenschaften liegt eine Aufgabe der Philosophie, die ihr die Einzelwissenschaften nie werden abnehmen können, ohne sich selbst in Philosophie zu verwandeln – denn natürlich kann ein Einzelwissenschaftler bedeutende philosophische Einsichten haben, aber dann eben als Philosophierender, nicht als Einzelwissenschaftler. (Ich nenne nur Poincaré.) Zwar unterscheiden sich die verschiedenen philosophischen Schulen darin, ob sie die Aufgabe der Philosophie mehr in einer (analytischen) Klärung oder mehr in einer (synthetischen) Fundierung der Grundbegriffe der Wissenschaften sehen; aber bei allen Differenzen kommen sie darin überein, dass im Nachdenken über die Prinzipien der Wissenschaften eine der zentralen Aufgaben der Philosophie liegt.

Hinzu kommt freilich eine weitere Aufgabe. Die Einzelwissenschaften geben, wie der Name sagt, ein Bild einzelner Teile der Wirklichkeit. Die menschliche Vernunft als einheitlicher Rechtfertigungsgrund all unserer Geltungsansprüche kann aber gar nicht umhin, nach dem Ganzen zu fragen, in dem diese Teile ihren Platz haben. Als Suche nach dem Ganzen der Wirklichkeit übt die Philosophie in einem Zeitalter unvermeidlich zunehmender Spezialisierung eine besonders große Faszination aus. Ohne zumindest einen vagen Begriff des Ortes, der jeder einzelnen Erkenntnis gebührt, ist eine Kultur nicht vor der Fehleinschätzung dieser Erkenntnisse, sei es ihrer Unter-, sei es ihrer Überschätzung, geschützt, und derartige Fehleinschätzungen verzerren meist auch das Selbstbildnis, das eine Kultur von sich hat. Wer alles über die physische Welt oder die menschliche Geschichte wüsste, aber nicht begriffen hätte, dass mentale Attribute nicht mit physischen identisch sein können und dass Normen nicht aus Tatsachen folgen, der wäre in einem viel radikaleren Sinne des Wortes ignorant als derjenige, der nur wenig über

Physik oder Geschichte weiß, aber wenigstens die beiden genannten philosophischen Einsichten hat.

Eben hier freilich stoßen wir auf ein Problem, das für die Philosophie am Anfang des 21. Jahrhunderts besonders gefährlich ist, ja ihren Begriff bedroht. Sosehr die Philosophie als Gegengift gegen die Spezialisierung der Einzelwissenschaften konzipiert ist, sowenig ist sie vor der Tendenz zur Spezialisierung gefeit, die mit der Zunahme des Wissens (und bestimmten, sie forcierenden Aspekten des gegenwärtigen Wissenschaftssystems) notwendig einhergeht. Die meisten Philosophen, die Karriere machen oder auch nur, ganz unabhängig von externen Rücksichten, einige originelle Einsichten erringen wollen, sind gezwungen, sich früh auf ein Gebiet wie die Logik oder die Hermeneutik zu spezialisieren. Damit aber sind sie oft genug nicht in der Lage, das Bedürfnis nach Orientierung zu befriedigen, das die von ihren Wissenschaften überforderte Gesellschaft zu Recht hat und dessen Stillung sie von der Philosophie erwartet.

Die klassische Weise, dieses Bedürfnis zu befriedigen, war das Vorlegen eines umfassenden philosophischen Systems, in dem das Wissen der eigenen Zeit »aufgehoben« war. Das ist freilich nicht einfach, und angesichts der Fülle des zu verarbeitenden Wissens muss man, wenn auch nicht ohne Melancholie, davon ausgehen, dass dies in absehbarer Zeit kaum einem einzelnen Philosophen mehr gelingen wird. Als sinnvolles Surrogat bietet sich statt dessen die Darstellung der wichtigsten philosophischen Disziplinen durch mehrere Experten an. Eben dies ist es, was die vorliegende Reihe anstrebt.

Es mag erstaunen, dass es bis vor kurzem in Deutschland nur das von Elisabeth Ströker und Wolfgang Wieland bei Alber herausgegebene *Handbuch Philosophie* gab, das diesem Bedürfnis gerecht zu werden suchte. Die dort erscheinenden Bücher sind freilich gewichtige Monographien von mehreren hundert Seiten. Demgegenüber verfolgt die hier vorgelegte Reihe einen wesentlich bescheideneren Zweck. Die Einführungen in die einzelnen Disziplinen sollen knapp gehalten sein – idealerweise nicht mehr als 150 Seiten –, und zwar weil sie sich nicht so sehr an den Fachmann wenden als an den allgemein Interessierten, der sich über den *state of the art* der entsprechenden Disziplin informieren möchte. Im Prinzip sollten schon begabte Gymnasiasten der Oberstufe und sicher Studenten diverser Fächer in der Lage sein, diese Einführungen zu verstehen. Als Ideal schwebt dem Herausgeber vor, dass der an der Philosophie allgemein Interessierte möglichst viele, vielleicht sogar alle dieser Bände liest. Allerdings muss der Verfasser eines Bandes durch mehrere Monographien in der entsprechenden Disziplin ausgewiesen sein; denn eine klare, die wesentlichen Themen hervorhebende Einführung ist nur von demjenigen zu erwarten, der selbst auf dem Felde produktiv geforscht hat. Meistens wird er professioneller Philosoph sein, gelegentlich auch ein philosophisch gebildeter Einzelwissenschaftler. Als Vorbild der Reihe galt mir, mehr noch als die eher dem *Handbuch Philosophie* vergleichbare, von Norman Daniels und Keith Lehrer herausgegebene *Dimensions of Philosophy Series*, die ältere vom Verlag Prentice Hall in Englewood Cliffs, NJ herausgegebene *Foundations of Philosophy Series*. Der Erfolg mehrerer ihrer Bände spricht für sich: Sie wurden in verschiedene Sprachen übertragen, und etwa Quines *Philosophy of Logic* wurde in der zweiten Auflage von Harvard University Press übernommen.

Um den Vorbildcharakter dieser Reihe deutlich zu machen, wurden zwei ihrer Bände in die neue deutsche Reihe *Faszination Philosophie* übernommen, auch wenn weitaus die meisten Originalbände von deutschen Autoren verfasst werden sollen. Aber Roderick M. Chisholms *Erkenntnistheorie* und Willard Van Orman Quines *Philosophie der Logik* galten schon vor dem Tode ihrer Verfasser zu Recht als moderne Klassiker, die schon vor einigen Jahrzehnten ins Deutsche übersetzt wurden; die inzwischen vergriffenen Übertragungen zu aktualisieren und dem Publikum erneut zugänglich zu machen, schien mir einerseits relativ leicht zu bewältigen, andererseits von großem Nutzen für den Seminarbetrieb. Wer wie der Verfasser dieses Vorwortes Erkenntnistheorie gelehrt hat, wird es vermutlich immer wieder bedauert haben, dass er etwa Chisholms Einführung seinen Studenten nur in Kopien verteilen konnte. Und wer realistisch genug ist, wird zustimmen, dass es unwahrscheinlich ist, dass eine vergleichbar gelungene Einführung in die Erkenntnistheorie in naher Zukunft vorgelegt werden können wird.

Auch wenn Chisholms Werk ein unerreichbares Vorbild bleibt, mögen die enormen Verdienste seines Buches auch den Originalbeiträgen für diese neue Reihe als Leitsterne gelten: Klarheit, Präzision, Bündigkeit, Konzentration auf das Wesentliche, schließlich gelegentliche Ausflüge in die Philosophiegeschichte dort, wo sie dem systematischen Anliegen dienen. Nicht dagegen ist es ein Ziel dieser Reihe, eine einheitliche philosophische Konzeption vorzulegen. Die unterschiedlichsten Ansätze sind willkommen, sofern sie nur den genannten Kriterien gerecht zu werden versuchen. Dabei liegt es in der Natur der Sache, dass in unterschiedlichen Gebieten verschiedene Methoden sinnvoll sind: In der Philosophie der Mathematik ist die analytische Denkweise angemessener als in der philosophischen Anthropologie, wo die phänomenologische Methode näher liegt. Auch wenn ein knapper Überblick über alternative Konzeptionen durchaus gewünscht ist, soll freilich der Autor eines Bandes keineswegs nur Meinungen anderer referieren, sondern selbst Stellung beziehen und von seinem eigenen Ansatz aus die Fragen und Antworten seiner Disziplin diskutieren.

Der methodische Pluralismus erklärt, warum in dieser Reihe auch Disziplinen behandelt werden, die man in der *Foundations of Philosophy Series* ebenso wie in der *Dimensions of Philosophy Series* vergeblich sucht. Die Wiederauflage der beiden genannten Klassiker soll nicht den Eindruck erwecken, es gehe hier nur um eine deutsche Imitation einer amerikanischen Konzeption. Nein, die deutsche Philosophie hat im 19. und 20. Jahrhundert mit großem Erfolg Disziplinen entwickelt, die in der angelsächsischen Philosophie bisher nur zögerlich rezipiert wurden, wie etwa die Hermeneutik und die Philosophische Anthropologie, und es versteht sich, dass sie in der Reihe *Faszination Philosophie* nicht fehlen dürfen. Bisher haben sich namhafte Autoren unterschiedlichen Alters – teils Emeriti, teils junge Ordinarien – zur Bearbeitung folgender Disziplinen bereit erklärt: Neben der schon erwähnten Philosophie der Logik und Erkenntnistheorie sind die zentralen philosophischen Disziplinen Philosophische Theologie, Metaphysik, Philosophie der Mathematik, Naturphilosophie, Anthropologie, Sprachphilosophie, Hermeneutik, Philosophie der Rhetorik, Ethik, Rechtsphilosophie, Geschichtsphilosophie und Technikphilosophie unter Vertrag genommen worden. Einige Kerndisziplinen fehlen noch, sollen aber in absehbarer Zeit folgen. Hinzu kommen Bände zu einzelnen Subdisziplinen, die sich inzwischen zu eigenen Wissenschaften ausgebildet haben – etwa zur Medizinethik und zum Freiheitsproblem.

Wer der Faszination der Philosophie erliegt, begreift bald, dass er sich nicht nur mit zeitgenössischen Arbeiten auseinander setzen, sondern die Klassiker der Vergangenheit studieren muss – und deren Lektüre wiederum erhöht die Faszinationskraft der Philosophie beträchtlich. Die Geschichte der Philosophie ist anders als diejenige der Einzelwissenschaften von keinem kontinuierlichen Fortschritt gekennzeichnet; verschiedene Grundtypen des Denkens kehren – m.E. in gesetzlicher Folge – immer wieder, und die so genannten großen Denker, wie etwa Platon und Aristoteles, bleiben für jeden systematischen Philosophen eine unerschöpfliche Inspirationsquelle, ganz so wie Vergil und Dante für einen jeden modernen Dichter. Neben dem systematischen Strang, der ihr Schwergewicht bilden soll, hat diese Reihe daher auch einen historischen Strang, in dem – in gleichem Umfang und nach analogen Kriterien – die wichtigsten Klassiker des Denkers vorgestellt werden sollen. Allerdings nur die wirklich zentralen: Die Philosophiegeschichte wird nämlich nur dann das systematische Denken beflügeln, wenn sie nicht völlig ausufert und zum Selbstzweck wird. Werke über Burke sind nicht vorgesehen, wohl aber solche über Platon, Aristoteles, Thomas von Aquin, Descartes, Spinoza, Leibniz, Kant, Hegel und Husserl, manchmal über eine ganze Schule wie etwa die Stoiker. Angestrebt ist dabei kein narrativer, primär philologischer, sondern ein systemtheoretischer Zugriff, der die innere Kohärenz der großen Systeme darstellt, die auch dann imponierend bleibt, wenn jene Systeme von Prämissen ausgingen, die wir heute nicht mehr teilen. Denn philosophieren lernt man auf zwei Weisen – einerseits indem man das Wissen der Einzelwissenschaften aufgreift und auf seine Prinzipien durchdenkt, andererseits indem man Konsequenzen auslotet und aus wenigen philosophischen Prinzipien möglichst viel zu entwickeln sucht; und dieser Habitus kann auch am Studium von Texten geschult werden, die Thesen aufstellen, die inzwischen widerlegt wurden.

Was der Herausgeber von dieser Reihe am meisten erhofft, ist, dass sie durch das Anbieten eines Überblicks über die Resultate der verschiedenen philosophischen Disziplinen und der grundlegenden Kategorien und Denkansätze, die die Tradition erarbeitet hat, dem Leser Mut machen möge zum eigenständigen systematischen Philosophieren. Denn die Faszination der Philosophie wird dann am stärksten, wenn man aus der Phase des Rezipierens in die des autonomen Weiterentwickelns tritt. Und dass sowohl die Einzelwissenschaften als auch die Menschheit als ganze am Anfang des dritten nachchristlichen Jahrtausends von einer intensiveren, umfassenderen und zugleich raffinierteren Form des Philosophierens profitieren würden, als wir sie derzeit haben, ist offenkundig.

Notre Dame, im Frühjahr 2003

Vittorio Hösle

WILLARD VAN ORMAN QUINE

PHILOSOPHIE DER LOGIK

ÜBERSETZT VON HERMANN VETTER,
ANHAND DER ZWEITEN ENGLISCHEN AUFLAGE
BEARBEITET VON GREGOR DAMSCHEN

Für meine Tochter

Elizabeth Roberts

VORWORT (1986)

»Im Gegenteil«, fügte Tweedledee hinzu,
»wenn es so war, könnte es sein;
und wenn es so wäre, würde es sein;
aber da es nicht so ist, ist's nicht so.
Das ist Logik.«

LEWIS CARROLL[1]

//vii[2]// Wir werden uns in diesem Buch mit der Philosophie der Logik befassen. Das Wort ›Logik‹ wird dabei im Wesentlichen die Bedeutung haben, an die Tweedledee dachte. Es hat nicht nur diese eine Bedeutung. In früheren Fällen wurde es als gemeinsamer Name für zwei verschiedene Untersuchungsbereiche verwendet: die deduktive und die induktive Logik. Die Philosophie der induktiven Logik könnte man jedoch in keiner Hinsicht von der zentralen Disziplin der Philosophie, der Erkenntnistheorie, unterscheiden. Was hingegen ein eigenes Stück Philosophie benötigt, das ist die deduktive Logik, die Disziplin, an die Tweedledee gedacht hat.

Wenn man mich drängen würde, Tweedledees ostensive Definition der Logik durch eine diskursive Definition desselben Gegenstandes zu ergänzen, würde ich sagen, dass die Logik die systematische Untersuchung der logischen Wahrheiten ist. Auf weiteres Drängen würde ich antworten, man solle dieses Buch lesen.

Da ich die Logik für die Resultante zweier Kräfte, der Wahrheit und der Grammatik, halte, werde ich in erster Linie die Wahrheit und die Grammatik behandeln. Ich werde mich aber gegen die Doktrin aussprechen, dass die logischen Wahrheiten aufgrund der Grammatik oder aufgrund der Sprache wahr sind.

Die Begriffe der Proposition und der Bedeutung werden kritisch untersucht. Die Mengenlehre wird mit der Logik verglichen und ihr gegenübergestellt, und es werden Wege überprüft, wie man beide so verkleiden kann, dass sie sich ähnlich sehen. Der Status und die Ansprüche alternativer Logiken werden erörtert, und es werden Gründe dafür angeführt, dass wir für das dankbar sein sollten, was wir haben.

//viii// Das Buch wurde angeregt durch zwei Einladungen im Jahr 1968: eine der Professoren Elizabeth und Monroe Beardsley, ein Buch über die Philosophie der Logik für ihre Reihe »Foundations of Philosophy« zu schreiben, und eine vom Collège de France, zwölf Vorlesungen über *la philosophie de la logique* zu halten. Ich schloss einen Entwurf des Buches ab und machte mich dann daran, aus ihm meine französischen Vorlesungen zu gewinnen. Das Buch wurde in der französischen Fassung besser, sodass ich die englische Fassung anschließend anhand des französischen Textes überarbeitete.

George Boolos und Burton Dreben übten an früheren Entwürfen wertvolle Kritik. John Corcoran, Ruth Marcus, J. J. C. Smart, Masao Yamashita und die Leser, die im Text zitiert werden, haben mich dazu bewegt, in späteren Ausgaben einzelne Fehler zu korrigieren.

Weiteres Nachdenken hat mich jetzt dazu gebracht, wieder mehrere einzelne Absätze einzufügen oder umzuschreiben. Das reicht vielleicht als Rechtfertigung dafür, diese Ausgabe eine ›zweite Auflage‹ zu nennen. Insgesamt finden sich die Hauptänderungen, die ich in dieser Auflage und im Lauf der früheren Ausgaben gemacht habe, auf den Seiten 21–22, 60–63, 75–76, 86–87, 96, 126 und 133.

W. V. QUINE

INHALT

1. BEDEUTUNG UND WAHRHEIT

1.1 Einwand gegen Propositionen

Wenn jemand die Wahrheit sagt, was macht dann seine Aussage wahr? Wir neigen zu der Meinung, dass es dafür zwei Faktoren gibt: die Bedeutung und die Tatsache. Ein Engländer äußert den Behauptungssatz: ›Snow is white.‹ Wenn er das tut, sagt er dank der glücklichen Übereinstimmung von zwei Umständen die Wahrheit: Sein Satz bedeutet, dass Schnee weiß ist, und Schnee *ist* tatsächlich weiß. Wenn die Bedeutungen anders gewesen wären, wenn ›white‹ grün bedeutet hätte, dann hätte der Engländer mit dem, was er geäußert hat, nicht die Wahrheit gesagt. Wenn die Tatsachen anders gewesen wären, wenn Schnee rot gewesen wäre, auch dann hätte er nicht die Wahrheit gesagt.

Was ich gerade bemerkt habe, klingt auf beruhigende Weise nach einer Trivialität, und zugleich zeigt es beunruhigende Anzeichen philosophischer Extravaganz. Der Engländer äußert seinen Behauptungssatz; es gibt auch ringsumher diesen weißen Schnee. So weit, so gut. Aber müssen wir noch einen Schritt weitergehen und uns auch auf nicht greifbare Zwischenglieder berufen, eine Bedeutung und eine Tatsache? Die *Bedeutung* des *Satzes* ist, dass Schnee weiß ist, und es ist eine *Tatsache*, dass Schnee weiß ist. Die Bedeutung des Satzes und die Tatsache sind hier anscheinend identisch; auf jeden Fall haben sie denselben Namen: dass Schnee weiß ist. Und es ist anscheinend diese Identität oder Homonymie, aufgrund derer man sagen kann, dass der Engländer die Wahrheit gesagt hat. Die Bedeutung seiner Aussage stimmt mit der Tatsache überein.

Dies klingt nach einer Korrespondenztheorie der Wahrheit, aber als solche ist es leeres Gerede. Die Übereinstimmung besteht nur zwischen den zwei nicht greifbaren Elementen, auf die wir uns als Glieder, die zwischen dem englischen Satz und dem weißen Schnee stehen, berufen haben.

Jemand könnte einwenden, dass ich diese //2// scheinbare Berufung auf Zwischenglieder allzu wörtlich nähme. Er könnte einwenden, dass man, wenn man von der Bedeutung als einem Faktor der Wahrheit des Satzes spreche, den der Engländer äußerte, nur ein wenig metaphorisch ausdrücke, was niemand leugnen kann: Dass nämlich das, was der Engländer über den Schnee gesagt hat, falsch gewesen wäre, wenn zum Beispiel das Wort ›white‹ im Englischen statt auf weiße auf grüne Dinge angewendet würde. Er könnte zusätzlich einwenden, dass der scheinbare Bezug auf eine Tatsache als etwas, das über den Schnee und seine Farbe hinaus existiere, in Wirklichkeit nur eine Redensart sei.

Sehr gut. Solange wir die Angelegenheit auf diese Art betrachten können, habe ich keine Beschwerde. Aber in der Philosophie der Logik gibt es seit langem eine starke Richtung, die nicht auf diese Weise entschuldigt werden kann. Mehr noch als durch ihre Annahme von Tatsachen hat diese Richtung durch ihre Annahme der Bedeutungen von Sätzen Anstoß erregt. Die Bedeutungen von Sätzen werden unter dem Namen *Propositionen* zu abstrakten Entitäten mit einem eigenen Recht erhoben. Diese Propositionen, nicht die Sätze selbst, werden als die Dinge betrachtet, die wahr oder falsch sind. Sie sind es auch, zwischen denen die logische Beziehung der Implikation besteht. Propositionen sind außerdem das, was man weiß, für wahr oder für falsch hält, und das, was man für offensichtlich oder überraschend hält.

Die Großzügigkeit der Philosophen gegenüber den Propositionen ist zum Teil durch die Mehrdeutigkeit des Ausdrucks ›Proposition‹ begünstigt worden. Der Ausdruck wird oft einfach für die Sätze selbst, nämlich Behauptungssätze, verwendet; und einige Autoren, die den Ausdruck für Bedeutungen von Sätzen verwenden, achten nicht auf die Unterscheidung zwischen Sätzen und ihren Bedeutungen. Wenn ich mich auf den folgenden Seiten über Propositionen empöre, werde ich mich über sie natürlich immer im Sinn der Bedeutungen von Sätzen empören.

Einige Philosophen, die lobenswerterweise zu vorsichtig waren, um Propositionen in diesem kühnen Sinn zu postulieren, haben zu dem Wort ›Aussage‹ Zuflucht genommen. Der Fragesatz, der dieses Kapitel eröffnet, veranschaulicht diesen ausweichenden Wortgebrauch. Dies gilt nicht für meinen dauernden Gebrauch des Wortes ›Aussage‹ in meinen früheren Büchern. Ich verwendete das Wort dort lediglich, um mich auf Behauptungssätze zu beziehen, und habe das auch gesagt. Später gab ich dieses Wort angesichts der wachsenden Tendenz in Oxford auf, das Wort für Handlungen zu verwenden, die wir vollziehen, wenn wir Behauptungssätze äußern. Dadurch, dass man sich auf Aussagen in diesem Sinne statt auf Propositionen beruft, ist aber sicherlich keine größere Klarheit erreicht. Ich werde nicht länger über Aussagen sprechen, sondern rede nun weiter über Propositionen.

Wenn ein Philosoph erst einmal die Propositionen in seiner Ontologie zugelassen hat, sei es durch Unaufmerksamkeit gegenüber ihrer Mehrdeutigkeit oder einfach durch zu viel Gastfreundschaft, dann wird er stets so verfahren, die Propositionen statt der Sätze als das zu betrachten, was wahr oder falsch ist. Er meint, dadurch Unmittelbarkeit zu erreichen und einen Schritt einzusparen. Erinnern wir uns also wieder an den Engländer. Wir sahen, dass er die Wahrheit sagte, weil (1) ›Snow is white‹ //3// bedeutet, dass der Schnee weiß ist, und (2) Schnee weiß *ist*. Unser Propositionalist spart Schritt (1) ein. Die Proposition, dass Schnee weiß ist, ist einfach wahr, weil (2) Schnee weiß *ist*. Das Propositionalist umgeht Unterschiede zwischen den Sprachen und ebenso Unterschiede der Formulierung innerhalb einer Sprache.

Mein Einwand gegen die Anerkennung von Propositionen ergibt sich nicht in erster Linie aus philosophischer Sparsamkeit – aus dem Wunsch, nicht von mehr Dingen im Himmel und auf Erden zu träumen, als nötig; noch ergibt er sich ausdrücklicher aus einem Partikularismus – aus einer Missbilligung nicht greifbarer oder abstrakter Dinge. Mein Einwand ist dringender. Wenn es Propositionen gäbe, würden sie eine bestimmte Beziehung der Synonymie oder Äquivalenz zwischen Sätzen selbst herbeiführen: Jene Sätze wären äquivalent, die dieselbe Proposition ausdrückten. Mein Einwand wird jetzt sein, dass die entsprechende Äquivalenzrelation auf der Ebene der Sätze keinen objektiven Sinn hat. Wenn es mir gelingt, dies verständlich zu machen, sollte damit die Annahme von Propositionen erledigt sein.

1.2 Propositionen als Information

Es ist gang und gäbe, von Sätzen zu sagen, dass sie dieselbe oder eine verschiedene Bedeutung haben. Dies ist ein so alltäglicher und unphilosophischer Sprachgebrauch, dass er manchmal klarer zu sein scheint, als er wirklich ist. In Wirklichkeit ist er unklar, und seine Stärke ändert sich im hohen Maße zusammen mit den speziellen Erfordernissen des Moments. Einmal angenommen, wir geben jemandes Äußerung in indirekter Rede wieder.

Wir müssen seine Äußerung durch einen Satz ersetzen, der dieselbe Bedeutung hat. In solch einem Fall könnte man uns vorwerfen, die Bedeutung zu verzerren, wenn wir auch nur ein neutrales Wort durch ein abschätziges Wort ersetzen, das sich auf denselben Gegenstand bezieht. Durch unsere Ersetzung wird die Einstellung des Sprechers falsch wiedergegeben und damit die Bedeutung seiner Äußerung. Doch bei einer anderen Gelegenheit, wenn man daran interessiert ist, ohne Rücksicht auf Einstellungen objektive Informationen weiterzugeben, zählt unsere Ersetzung des neutralen durch das abfällige Wort nicht als Verzerrung der Bedeutung. Eine ähnliche Verschiebung der Standards für die Bedeutungsgleichheit findet sich offensichtlich bei literarischen Übersetzungen, je nachdem, ob unser Interesse den dichterischen Qualitäten einer Textstelle oder der vermittelten objektiven Information gilt.

Die Art der Bedeutungsgleichheit, die für unser gegenwärtiges Anliegen wichtig ist, nämlich die Gleichheit der Proposition, ist die zweite der in jedem dieser Beispiele erwähnten Alternativen: Es ist die Gleichheit der objektiven Information, ohne Rücksicht auf Einstellungen oder auf dichterische Qualitäten. Wäre der Begriff der objektiven Information selbst hinreichend klar, gäbe es keinen Streit um Propositionen.

Der Begriff der Information ist heutzutage in der Tat klar genug, wenn man ihn richtig einschränkt. Er ist für die Kommunikationstheorie wesentlich. Er ist sinnvoll hinsichtlich einer bestimmten, vorher festgesetzten Grundordnung //4// von Alternativen – einer bestimmten Kontrollliste. Man muss im Voraus sagen, welche Merkmale zählen sollen. Sehen wir uns dazu die bekannte Halbtonmethode für photographische Abbildungen an: Da ist ein Raster, sagen wir sechs mal sechs Zoll groß, das eine Anordnung von Quadraten an regelmäßig verteilten Positionen enthält, nehmen wir an, einhundert pro Zoll in Zeilen und Spalten. Ein Halbtonbild ist völlig bestimmt, wenn entschieden ist, welche dieser 360000 Punkte schwarz sind. Hinsichtlich dieses Rasters als der Grundordnung der Alternativen besteht die Information darin, zu sagen, welche Stellen schwarz sind. Zwei Bilder haben dieselbe Information hinsichtlich dieser Grundordnung, wenn sie dieselben Punkte als schwarz bestimmen. Farbunterschiede sind hinsichtlich dieser Grundordnung sozusagen etwas rein Stilistisches; sie übermitteln keine Information. Ähnlich liegt der Fall auch bei Unterschieden in der Form oder der Lage, wenn diese zu klein sind, um in den Punkten des Halbtonbildes bemerkt zu werden. Hinsichtlich der Grundordnung enthält außerdem eine sprachliche Aufzählung der Punkte dieselbe Information wie das Bild. (Das ist das Prinzip der telegraphischen Bildübermittlung.) Und natürlich können zwei sprachliche Berichte die Information in sehr unterschiedlichen Formulierungen weitergeben; einer der beiden Berichte könnte die Information weitergeben, indem er aufführt, welche Positionen weiß statt schwarz sind.

Die Gleichheit der Information ist also hinsichtlich einer vorher festgesetzten Grundordnung von schwarzen und weißen Alternativen klar bestimmt. Versucht man aber im Alltag, Sätze hinsichtlich der Information, die sie enthalten, gleich zu behandeln, ergibt sich die Schwierigkeit, dass dafür keine Grundordnung der Alternativen vorgegeben ist; wir wissen nicht, was man zählen soll. Es gibt keine offensichtliche Regel, anhand deren man die Information von den stilistischen oder anderen nicht wesentlichen Eigenschaften der Sätze trennen kann. Die Frage, wann man sagen kann, dass zwei Sätze dieselbe Proposition zum Ausdruck bringen, lässt sich folglich nicht dadurch angemessen beantworten, dass man auf die Gleichheit der objektiven Information hinweist. Dies formuliert das Problem nur wieder neu.

Im Idealfall bietet die Physik eine Grundordnung von Alternativen und damit einen vollkommenen Begriff der objektiven Information an. Zwei Sätze stimmen in der objektiven Information überein und drücken so dieselbe Proposition aus, wenn jede kosmische Verteilung der mikrophysikalischen Zustände in der Raum-Zeit, die den einen Satz wahr machen würde, auch den anderen wahr machen würde. Jede solche Verteilung soll eine mögliche Welt genannt werden. Dann drücken zwei Sätze dieselbe Proposition aus, wenn sie in all denselben möglichen Welten wahr sind. Die Wahrheiten der reinen Mathematik und Logik stehen am äußersten Ende: Sie sind in allen möglichen Welten wahr. Die Klasse aller möglichen Welten, in denen ein Satz wahr wird, ist, so können wir sagen, die objektive Information des Satzes, tatsächlich: seine Proposition. Aber diese Vorstellung bietet uns noch immer keine allgemeine Methode, Sätze im alltäglichen Leben gleich zu behandeln. In vielen Fällen können wir eindeutig sehen, dass Sätze unter all denselben Verteilungen der mikrophysikalischen Zustände gültig bleiben würden, und in vielen Fällen können wir eindeutig sehen, dass sie //5// nicht gültig bleiben würden. Aber im Falle von Sätzen über Absichten, Motive, Meinungen oder ästhetische Werte würden wir kaum wissen, wo wir beginnen sollen.

Eine andere Methode, die objektive Information zu berechnen, wird von der empiristischen Tradition in der Erkenntnistheorie vorgeschlagen. Sag mir, welchen Unterschied die Wahrheit oder Falschheit eines Satzes für die mögliche Erfahrung machen würde, und du hast alles gesagt, was es über die Bedeutung des Satzes zu sagen gibt. Das ist, im Wesentlichen in den Worten von C. S. Peirce, die Verifikationstheorie der Bedeutung. Auch sie kann man als eine Theorie betrachten, die die Proposition oder die Bedeutung eines Satzes mit der übermittelten Information gleichsetzt. Aber die Grundordnung der Alternativen, die verwendet wird, um die Information zu definieren, ist jetzt die Gesamtheit der möglichen Unterscheidungen und Kombinationen von Sinneswahrnehmungen. Einige Erkenntnistheoretiker würden diese Alternativen durch Introspektion der Sinnesdaten katalogisieren. Andere, die mehr dem Naturalismus zuneigen, würden die Nervenreizung beobachten; die gereizten Nervenenden des Organismus sind dabei die Gegenstücke der schwarzen Punkte des Halbtonbildes. Auf jeden Fall gerät die Doktrin der Propositionen als empirischer Bedeutungen in Schwierigkeiten. Die Schwierigkeiten ergeben sich, wie wir jetzt sehen werden, wenn man versucht, die Sinnesbelege einzelnen Sätzen zuzuordnen.

1.3 Die Unklarheit der empirischen Bedeutung

Angenommen, ein Experiment habe ein Ergebnis geliefert, das einer Theorie widerspricht, die in einer Naturwissenschaft gegenwärtig anerkannt ist. Die Theorie umfasst ein ganzes Bündel von miteinander verbundenen Hypothesen oder lässt sich auf solch ein Bündel zurückführen. Das Experiment zeigt höchstens, dass wenigstens eine jener Hypothesen falsch ist; es zeigt nicht, welche. Nur die Theorie als ganze und nicht eine der Hypothesen lässt durch Beobachtung und Experiment erworbene Belege oder Gegenbelege zu.

Und wie umfangreich ist eine Theorie? Kein Teil der Wissenschaft ist von den übrigen völlig isoliert. Man kann davon ausgehen, dass diese Teile, mögen sie noch so unterschiedlich sein, immerhin die Gesetze der Logik und der Arithmetik gemeinsam haben sowie einige dem gesunden Menschenverstand entsprechende, allgemeine Regeln über die Bewegung von Körpern. Wer es im Hinblick auf die Gesetze ganz streng nimmt, könnte behaupten, dass ein empirischer Beleg immer für oder gegen das gesamte System der Wissenschaft spricht, wie lose die Teile des Systems auch verbunden sein mögen. Ein empirischer Beleg gegen das System ist nicht ein Beleg gegen einen bestimmten Satz eher als gegen einen anderen, aber man kann auf den Beleg durch eine Menge verschiedener Änderungen reagieren.

Eine wichtige Ausnahme drängt sich auf: Eine Beobachtung ist sicherlich ein empirischer Beleg für den Satz, der genau diese Beobachtung berichtet, und gegen den Satz, der das Gegenteil vorhergesagt hat. Unser gesetzestrenger Vertreter kann seinen Standpunkt aber auch hier behaupten und darauf hinweisen, dass in einem Grenzfall, in dem seit unvordenklichen Zeiten überwältigend oft bestätigte Überzeugungen plötzlich von einer einzelnen gegensätzlichen Beobachtung angegriffen werden, diese Beobachtung als eine Täuschung zurückgewiesen wird. Wichtiger ist aber, dass Beobachtungssätze normalerweise für Beobachtungen //6// tatsächlich individuell empfänglich sind. Das ist es, was Beobachtungssätze von theoretischen Sätzen unterscheidet. Nur aufgrund dieser individuellen Empfänglichkeit der Beobachtungssätze für Beobachtungen und der Beziehungen, die umgekehrt zwischen theoretischen Sätzen und Beobachtungssätzen bestehen, erkennt eine wissenschaftliche Theorie überhaupt empirische Belege an.

Warum bestimmte Sätze also für Beobachtungen individuell empfänglich sind, wird offensichtlich, wenn wir darüber nachdenken, wie wir eine Sprache lernen. Viele Ausdrücke, darunter die meisten unserer frühesten, werden *durch hinweisendes Zeigen* gelernt; sie werden in der Situation, die sie beschreiben, oder in Gegenwart der Dinge, die sie beschreiben, gelernt. Kurz gesagt: Sie sind auf Beobachtungen konditioniert; und zwar auf öffentlich geteilte Beobachtungen, da sowohl der Lehrende als auch der Lernende die Angemessenheit der Situation einsehen müssen. Wenn nun ein jeder einen Ausdruck auf diese Weise lernt, wird jeder dazu neigen, ihn in der Gegenwart derselben Reize einheitlich zu verwenden. Diese Einheitlichkeit bietet tatsächlich ein Verhaltenskriterium dafür, was man als einen Beobachtungssatz werten soll. Diese Einheitlichkeit ist es auch, die es ermöglicht, dass Wissenschaftler, die wechselseitig ihre empirischen Belege prüfen, von den Beobachtungssätzen als einem Punkt angezogen werden, in dem eine Übereinstimmung gesichert ist.

Wir lernen weitere Ausdrücke aus dem Kontext auf Wegen, die ein Netz aus auf komplizierte Weise miteinander verbundenen Sätzen erzeugen. Diese Verbindungen sind so beschaffen, dass wir dazu neigen, einige dieser Sätze zu bejahen oder zu verneinen, wenn wir geneigt sind, andere zu bejahen oder zu verneinen. Dies sind die Verbindungen, über die eine Theorie der Natur ihren empirischen Gehalt aus den Beobachtungssätzen in sich aufsaugt. Es sind auch diese Verbindungen, aufgrund derer uns unsere Theorie der Natur im Extremfall dazu verleitet, eine Beobachtung nicht zu beachten oder nicht anzuerkennen, obgleich es bedauerlich wäre, wenn man dieser Versuchung zu oft nachgeben würde.

Die Hoffnungslosigkeit, empirische Information im Allgemeinen einzelnen Sätzen oder auch nur ziemlich großen Bündeln von Sätzen zuzuordnen, wird in einem bestimmten Sinn weithin anerkannt, wenn auch nur implizit. Man betrachte es nämlich auf die folgende Weise: Es wird weithin anerkannt, dass unsere Theorie der Natur durch unsere Daten nicht hinreichend bestimmt ist; und nicht nur durch Beobachtungen, die wir tatsächlich gemacht haben und machen werden, sondern sogar durch alle unbeobachteten Ereignisse, die ihrer Art nach beobachtbar sind. Kurz gesagt ist unsere Theorie der Natur selbst durch alle »möglichen« Beobachtungen nicht hinreichend bestimmt. Das bedeutet, dass es eine Menge *H* von Hypothesen und eine alternative Menge *H'* geben kann, die mit *H* unverträglich ist; und es kann geschehen, dass, wenn unsere Gesamttheorie *T* in dem Maße geändert wird, dass in ihr *H'* für *H* eingesetzt wird, die entstehende Theorie *T'* immer noch zu allen möglichen Beobachtungen genauso gut passt, wie *T* es tat. Dann enthalten *H* und *H'* offensichtlich dieselbe empirische Information, //7// soweit empirische Information *H* und *H'* überhaupt zugeteilt werden kann; aber sie sind immer noch unverträglich. Diese Überlegung sollte jeden allgemeinen Begriff der Propositionen als der empirischen Bedeutungen der Sätze aus der Welt schaffen.

Warum hält sich dieser Begriff dann so hartnäckig? Zum Teil, weil die einzelnen Sätze der Wissenschaft und des gesunden Menschenverstandes in der Praxis schließlich doch einzelne empirische Bedeutungen zu tragen scheinen. Dies ist irreführend, aber erklärbar. Angenommen, ein Wissenschaftler leitet aus der Verbindung eines Dutzends unserer theoretischen Überzeugungen eine Voraussage in der Molekularbiologie ab, und die Voraussage schlägt fehl. Er wird für eine mögliche Revision wahrscheinlich lieber nur das halbe Dutzend der Überzeugungen prüfen, die zur Molekularbiologie gehört, als sich am halben Dutzend der generelleren Überzeugungen zu schaffen zu machen, die mit Logik, Arithmetik und dem kinematischen Verhalten von Körpern zu tun haben. Dies ist eine vernünftige Strategie – eine Maxime der minimalen Verstümmelung. Aber sie bewirkt, dass der Teil der Theorie, für den die Entdeckung der fehlgeschlagenen Voraussage von Bedeutung ist, kleiner erscheint, als er sonst wäre.

Außerdem wird der Wissenschaftler die sechs Überzeugungen aus der Molekularbiologie wahrscheinlich nicht einmal auf unparteiische Weise mit der fehlgeschlagenen Voraussage konfrontieren; er wird sich auf eine der sechs konzentrieren, die verdächtiger als die übrigen war. Wissenschaftler entwerfen Versuche ja immer zu dem ausdrücklichen Zweck, einzelne Hypothesen einer Prüfung zu unterziehen; und dies ist vernünftig, wenn man sich bereits auf eine Hypothese festgelegt hat, die provisorischer und verdächtiger als andere Teile der Theorie ist.

Es wäre jedoch ein Fehler, den Schritt des Wissenschaftlers so zu verstehen, dass nur eine einzelne Hypothese bezweifelt wird, während *alle* anderen fest bleiben. Ja, sein Experiment ist durch den Verdacht gegenüber der einen Hypothese veranlasst worden; und falls der Test negativ ausfällt, ist er entschlossen, diese Hypothese zu verwerfen, aber nicht nur sie allein. Zusammen mit ihr wird er auch jede Hypothese zurückweisen, die, wie er sagt, sie impliziert. Ich darf mich jetzt nicht auf den Begriff der Implikation stützen, da ich diesen Begriff angreife (oder den zugehörigen Begriff der Äquivalenz, die einfach eine wechselseitige Implikation ist). Aber wir müssen zugeben, dass Sätze durch Beziehungen miteinander verbunden sind, die im Verhalten verwurzelt sind. Es gibt die komplexen Verbindungen, über die ich mich vorhin geäußert habe: Verbindungen von veränderlichen Stärken, die uns dazu bewegen, einige Sätze zu bejahen oder zu verneinen, wenn wir andere bejahen oder verneinen. Jeder, der eine Hypothese verwirft, wird von diesen Gewohnheitsmustern dazu veranlasst, zusammen mit ihr auch andere Sätze zu verwerfen.

Die Strategie des Wissenschaftlers, zu teilen und zu herrschen, ist der Wissenschaft sehr dienlich, aber sie zeigt nicht, wie man einzelne empirische Belege einzelnen Sätzen zuweisen kann. Wir können jedem Beobachtungssatz einzelne Belege zuweisen, aber das ist auch schon so ziemlich alles. //8//

1.4 Verabschiedung der Propositionen

Die unkritische Annahme der Propositionen als Bedeutungen der Sätze ist nur *ein* Anzeichen für einen weitverbreiteten Mythos der Bedeutung. Demnach ist es so, als ob es eine Galerie der Ideen gäbe und jede Idee mit dem Ausdruck etikettiert wäre, dessen Bedeutung sie ist; jede Proposition insbesondere mit einem entsprechenden Satz. Bei meiner Kritik dieser Vorstellung habe ich das Problem der Individuation von Propositionen zur Sprache gebracht. In diesem Zusammenhang bestand der flüchtige Reiz einer empirischen Theorie der Bedeutung in der ziemlich klaren Individuation, die im Bereich der Sinnesbelege möglich ist. Aber wir haben inzwischen Gründe gefunden, für diesen Ansatz alle Hoffnung aufzugeben.

Die Frage, wie man Propositionen individuieren kann, ist die Frage, wie man die Äquivalenz von Sätzen definieren kann – wenn nicht eine empirische Äquivalenz, dann wenigstens eine »logische« Äquivalenz, die irgendwie mit Wahrheitsbedingungen verbunden ist. Es mag jetzt der richtige Zeitpunkt sein, eine andere einladende Idee in dieser Richtung, eine andere Idee als die empirische Äquivalenz, zu beachten und zurückzuweisen, um unser Verständnis für das Problem zu verbessern. Es scheint, als könnten wir eine starke Synonymierelation für einzelne Wörter einfach durch die Forderung definieren, dass sie austauschbar *salva veritate* sind. Das heißt: Wenn man das eine Wort für das andere einsetzt, bleibt der Wahrheitswert des Satzes immer gleich, Wahrheiten werden zu Wahrheiten und Falschheiten zu Falschheiten. Allgemeiner gesagt: Ein Wort und ein Ausdruck, zum Beispiel ›Junggeselle‹ und ›unverheirateter Mann‹, würden synonym genannt, wenn sie immer austauschbar *salva veritate* sind. Danach könnten wir kehrtmachen und zwei Sätze in einem starken Sinn äquivalent nennen, wenn sie aus entsprechenden Teilen aufgebaut sind, die im obigen Sinn paarweise synonym sind.

Das ist offenbar ein raffinierter Zug, eine schwache Relation, die bloße Gleichheit der Wahrheitswerte, durch nichts als die Macht der Anzahl in eine starke Äquivalenzrelation zu verwandeln. Die äquivalenten Sätze sind parallele Strukturen, deren entsprechende Teile miteinander verbunden sind durch die starke Relation der Austauschbarkeit *salva veritate* in *allen* Sätzen. Die auf diese Art erhaltene Äquivalenzrelation hat den Nachteil, dass sie parallele Strukturen erfordert; diese Einschränkung kann aber durch die Auflistung einiger zulässiger grammatischer Umformungen ein wenig gemildert werden.

Lassen Sie uns jetzt kritisch über die Synonymie von Wörtern mit Wörtern und Wortverbindungen nachdenken. Man nehme die Ausdrücke ›Lebewesen mit einem Herzen‹, kurz ›Cor-Wesen‹ und ›Lebewesen mit Nieren‹, kurz ›Ren-Wesen‹. Alle vier Ausdrücke gelten für genau dieselben Lebewesen, aber trotzdem sollte es uns natürlich nicht gefallen, sie synonym zu nennen. Nur Paare von ihnen eignen sich für die Bezeichnung der Synonymie: ›Cor-Wesen‹ und ›Lebewesen mit einem Herzen‹ sowie //9// ›Ren-Wesen‹ und ›Lebewesen mit Nieren‹. Wie verhält sich nun in diesen Fällen unsere ins Auge gefasste Definition der Synonymie – nämlich die Austauschbarkeit *salva veritate*? Können wir zeigen, dass ›Cor-Wesen‹ und ›Lebewesen mit einem Herzen‹ austauschbar sind, ›Cor-Wesen‹ und ›Ren-Wesen‹ aber nicht?

Vielleicht können wir das, vielleicht auch nicht. Es hängt alles davon ab, welche Ressourcen an kontextuellem Material wir annehmen, die anderswo in unserer Sprache verfügbar sind. Wenn zum Beispiel der Satz

(1) Alle Cor-Wesen sind notwendigerweise Cor-Wesen

in der Sprache zulässig ist, dann scheint der gewünschte Gegensatz zum Vorschein zu kommen. Die Austauschbarkeit von ›Cor-Wesen‹ und ›Ren-Wesen‹ schlägt wie gewünscht fehl; denn wenn man ›Ren-Wesen‹ für das zweite Auftreten von ›Cor-Wesen‹ in dem wahren Satz (1) einsetzt, erhalten wir einen falschen Satz. Zugleich bleibt wie gewünscht ›Cor-Wesen‹ zumindest im Beispiel (1) mit ›Lebewesen mit einem Herzen‹ austauschbar; denn alle Cor-Wesen haben per Definition notwendigerweise ein Herz.

Aber dieser erfolgreiche Gegensatz hängt merkwürdigerweise von den Ressourcen der Sprache ab. Wenn das Adverb ›notwendigerweise‹ nicht verfügbar gewesen wäre und nicht einen solchen Sinn gehabt hätte, dass es für ›alle Cor-Wesen sind Ren-Wesen‹ ungültig und für ›alle Cor-Wesen haben Herzen‹ gültig wäre, dann wäre uns dieser besondere Gegensatz zwischen der Synonymie und dem Fehlschlagen der Synonymie versagt geblieben. Das Unbefriedigende an dieser Abhängigkeit ist, dass das Adverb ›notwendigerweise‹ in dem benötigten Sinn genauso unklar ist wie die Begriffe der Synonymie und der Äquivalenz, die wir schließlich zu rechtfertigen versuchen. Wenn wir mit diesem Adverb zufrieden gewesen wären, hätten wir die Äquivalenz sofort definieren können: Sätze sind äquivalent, wenn sie notwendigerweise entweder beide wahr oder beide falsch sind.

Man könnte andere Beispiele anführen. Das Beispiel

(2) Hans denkt, dass alle Cor-Wesen Cor-Wesen sind

funktioniert genauso gut wie (1), da es durchaus sein könnte, dass Hans nicht denkt, dass alle Cor-Wesen Ren-Wesen sind, während er gleichwohl anerkennt, dass alle Cor-Wesen Herzen haben. Und (2) hat den Vorteil, in einer unschuldigeren Sprache formuliert zu sein als (1) mit seinem zusammengebrauten Sinn der Notwendigkeit. Unschuld ist jedoch eine Sache, Klarheit eine andere. Die idiomatische Wendung ›denkt‹ in (2) ist ungeachtet ihrer Normalität Erbin der ganzen Unklarheiten der Begriffe der Synonymie und der Äquivalenz und noch anderer.

Ohnehin kann kaum gesagt werden, die idiomatische Redewendung ›denkt‹ sei gebräuchlicher als der Begriff der Äquivalenz. Es ist ja nicht so, als ob die Äquivalenz //10// ein neuer und technischer Begriff wäre, der in der Umgangssprache immer noch umschrieben werden müsste. Im Gegenteil ist der Ausdruck trotz seiner Unklarheit gebräuchlich. Der Begriff der Äquivalenz, genauer der »logischen« Äquivalenz scheint so, wie er ist, sinnvoll zu sein – bis man ihn untersucht. Äquivalenz ist schließlich nur wechselseitige Implikation, und Implikation ist nur Ableitbarkeit. Die Beschwerde gegen diese Begriffe beruht nicht auf einem Mangel an Vertrautheit, sondern einem Mangel an Klarheit.

Soll man auf diese ganzen Begriffe in der strengen Wissenschaft verzichten? Zum großen Teil meine ich, ja. Am Anfang des Kapitels 4 werde ich bestimmte, in einem engeren Sinne logische Begriffe der Äquivalenz und der Ableitbarkeit prüfen und verteidigen. Es gibt auch eingeschränkte Verwendungen, die den Großteil der alltäglichen Nützlichkeit dieser Ausdrücke erklären; wir sprechen von Äquivalenz oder Ableitbarkeit hinsichtlich des einen oder anderen stillschweigend angenommenen Korpus von Hintergrundinformation. Aber keine dieser Verwendungen, die einen anständigen Sinn ergeben, ist von irgendeinem offensichtlichen Nutzen für die Individuation von Propositionen.

Oberflächlich betrachtet scheint die Doktrin der Propositionen in gewisser Hinsicht nutzlos zu sein, selbst wenn wir uns vorstellen, das Problem der Individuation wäre gelöst. Denn diese Lösung bestünde in irgendeiner geeigneten Definition der Äquivalenz von Sätzen; warum dann nicht einfach von Sätzen und Äquivalenz sprechen und von den Propositionen ablassen? Kurz gesagt: Propositionen sind als Schatten der Sätze projiziert worden, wenn ich ein Bild von Wittgenstein leicht verändert übernehmen darf. Auch im besten Fall bieten die Propositionen uns nichts, das uns nicht auch die Sätze bieten. Die Aussicht, dass sie mehr bieten, wird hauptsächlich dadurch verursacht, dass wir für sie unkritisch eine Individuation annehmen, die zu keiner Äquivalenz zwischen Sätzen passt, die wir zu definieren wissen. Die Schatten haben das Wunschdenken begünstigt.

1.5 Wahrheit und semantischer Aufstieg

Philosophen, die für Propositionen eintreten, haben gesagt, Propositionen seien nötig, weil Wahrheit nur im Hinblick auf Propositionen, nicht Sätze verständlich sei. Eine Antwort, die dafür wenig Verständnis hat, lautet, dass wir dem Propositionalisten die Wahrheit von Sätzen mit seinen eigenen Begriffen erklären können: Die Sätze sind wahr, deren Bedeutungen wahre Propositionen sind. Der Propositionalist ist an jedem Ausbleiben der Verständlichkeit hier schon selbst schuld.

Aber es gibt einen tieferen und undeutlicheren Grund für sein Gefühl, dass die Wahrheit in erster Linie im Hinblick auf Propositionen verständlich ist: dass Wahrheit von der Wirklichkeit abhängen sollte, nicht von der Sprache; Sätze gehören zur Sprache. Die Methode des Propositionalisten, eine Wirklichkeit hervorzubringen, von der die Wahrheit abhängt, ist freilich armselig: eine imaginäre Projektion der Sätze. Aber er hat Recht, dass die Wahrheit von der Wirklichkeit abhängen sollte, und sie tut es. Kein Satz ist wahr, außer die Wirklichkeit macht ihn wahr. Der Satz ›Der Schnee ist weiß‹ ist wahr, wie Tarski uns gelehrt hat, genau dann, wenn wirklicher Schnee wirklich weiß ist. Dasselbe kann man von dem Satz ›Snow is white‹ sagen; die Sprache ist nicht der springende Punkt. //11// Von der Wahrheit eines gegebenen Satzes zu sprechen ist nur ein Umweg; wir sprechen besser einfach den

Satz aus und reden so nicht über die Sprache, sondern über die Welt. Solange wir nur von der Wahrheit von einzelnen gegebenen Sätzen sprechen, ist die perfekte Theorie der Wahrheit diejenige, die Wilfrid Sellars die Theorie des Verschwindens der Wahrheit genannt hat.

Die Wahrheit hängt von der Wirklichkeit ab; deshalb aber abzulehnen, Sätze wahr zu nennen, ist eine Verwirrung. Das Wahrheitsprädikat hat genau da seine Nützlichkeit, wo wir zwar immer noch mit der Wirklichkeit beschäftigt sind, aber aufgrund bestimmter technischer Schwierigkeiten gezwungen sind, Sätze zu erwähnen. Hier dient das Wahrheitsprädikat gewissermaßen dazu, durch den Satz hindurch auf die Wirklichkeit zu zeigen; es dient als Erinnerung daran, dass, obwohl Sätze erwähnt werden, noch immer die Wirklichkeit das ist, worum es geht.

Welche sind dann die Orte, an denen wir veranlasst werden, indirekt fortzufahren und von Sätzen zu reden, obwohl wir immer noch mit der außersprachlichen Wirklichkeit beschäftigt sind? Die wichtigsten Orte dieser Art sind Orte, an denen wir verallgemeinern wollen und dies auf gewissen indirekten Ebenen tun, die wir nicht durch eine Verallgemeinerung über Gegenstände beseitigen können.

Wir können ›Hans ist sterblich‹, ›Fritz ist sterblich‹ usw. verallgemeinern, ohne über Wahrheit oder über Sätze zu sprechen; wir können ›Alle Menschen sind sterblich‹ sagen. Wir können ebenso ›Hans ist Hans‹, ›Fritz ist Fritz‹, ›0 ist 0‹ usw. verallgemeinern, indem wir ›Jedes Ding ist es selbst‹ sagen. Wenn wir andererseits ›Hans ist sterblich oder Hans ist nicht sterblich‹, ›Der Schnee ist weiß oder der Schnee ist nicht weiß‹ usw. verallgemeinern wollen, steigen wir auf zur Rede über Wahrheit und über Sätze, indem wir ›Jeder Satz der Form ›*p* oder nicht *p*‹ ist wahr‹, oder ›Jede Adjunktion eines Satzes und seiner Negation ist wahr‹ sagen. Dieser semantische Aufstieg ist nicht dadurch veranlasst, dass ›Hans ist sterblich oder Hans ist nicht sterblich‹ irgendwie über Sätze spricht, während ›Hans ist sterblich‹ und ›Hans ist Hans‹ über Hans spricht. Alle drei sprechen über Hans. Wir steigen nur auf wegen der indirekten Art, wie die Fälle, die wir verallgemeinern, miteinander verbunden sind.

Die Verallgemeinerung ›Jedes Ding ist es selbst‹ konnten wir ohne einen solchen Aufstieg formulieren, weil sich beim Übergang von ›Hans ist Hans‹ zu ›Fritz ist Fritz‹ oder ›0 ist 0‹ Namen ändern. Ebenso ist es bei ›Alle Menschen sind sterblich‹. Diese Verallgemeinerung kann man so schreiben: ›*x* ist sterblich für alle *Menschen x*‹ – alle Dinge *x* von der Art, dass ›Hans‹[3] ein

Name für sie ist. Wie müsste das aber bei der Verallgemeinerung von ›Hans ist sterblich oder Hans ist nicht sterblich‹ heißen? Offenbar so: ›*p* oder nicht *p* für alle Dinge *p* von der Art, dass Sätze Namen für sie sind‹. Sätze sind aber keine Namen, und die Formulierung ist einfach unstimmig: sie verwendet ›*p*‹ an Stellen, wo Sätze stehen sollen, und an Stellen, wo Namen von Dingen stehen sollen. //12// Um also zu unserer Verallgemeinerung zu kommen, steigen wir eine Stufe auf und sprechen über Sätze: ›Jeder *Satz* von der Form ›*p* oder nicht *p*‹ ist *wahr*‹.

Der anderen, unstimmigen Formulierung könnte man natürlich eine Bedeutung verleihen, wenn man dadurch irgendetwas gewinnen würde. Man könnte sagen, Sätze seien auch Namen, indem man angibt, wovon sie Namen sein sollen. Man könnte sie als Namen von Propositionen auffassen. Weiter oben, als Propositionen noch diskutiert wurden, habe ich sie als die Bedeutungen von Sätzen charakterisiert und nicht als das, wovon Sätze Namen sind; aber man könnte auch festsetzen, dass Sätze ihre Namen sind, und einige Autoren haben das getan. Vorher ist allerdings der Buchstabe ›*p*‹ keine Variable, die über Gegenstände läuft; er ist nur ein Schema-Buchstabe für Sätze, eine Leerstelle in einer logischen Formel oder grammatischen Struktur, in die ein Satz hineingehört. Sobald man aber Sätze als Namen von Propositionen auffasst, ist der Buchstabe ›*p*‹ auch eine Variable, die über Gegenstände, nämlich Propositionen, läuft. Dann können wir korrekt sagen: ›*p* oder nicht *p* für alle Propositionen *p*‹.

Dieser Zug hat aber den Nachteil, die Propositionen wieder einzuführen, was wir mit guten Gründen vermeiden wollten. Außerdem bringt dieser Zug gar keinen erkennbaren Vorteil, denn wir haben ja gesehen, wie man die Verallgemeinerungen der gewünschten Art ohne Rückgriff auf Propositionen formulieren kann, indem man eine Ebene aufsteigt und von der Wahrheit von Sätzen spricht. Dieser Aufstieg auf eine linguistische Ebene der Bezugnahme ist nur ein vorübergehender Rückzug von der Welt, denn der Nutzen des Wahrheitsprädikats liegt gerade darin, dass man nicht über die Sprache reden muss. Das Wahrheitsprädikat erinnert uns daran, dass wir es auf die Welt abgesehen haben, obwohl wir technisch dazu aufgestiegen sind, von Sätzen zu sprechen. Dass das Wahrheitsprädikat das Reden über die Sprache unnötig macht, zeigt sich an Tarskis Beispiel:

›Der Schnee ist weiß‹ ist wahr genau dann, wenn der Schnee weiß ist.

An den Anführungszeichen hängt es, ob wir über Worte oder über den Schnee reden. Die Anführungszeichen erzeugen den Namen eines Satzes, der einen Namen des Schnees enthält, nämlich ›Schnee‹. Indem wir den Satz wahr nennen, nennen wir den Schnee weiß. Das Wahrheitsprädikat macht die Anführungszeichen rückgängig. Einen einzelnen Satz können wir behaupten, indem wir ihn einfach aussprechen; wir können dabei auf Anführungszeichen und das Wahrheitsprädikat verzichten. Wollen wir aber eine unendliche Menge von Sätzen behaupten, die wir nur definieren können, indem wir über die Sätze sprechen, dann ist das Wahrheitsprädikat von Nutzen. Wir brauchen es, um die Bezugnahme auf einen Gegenstand wiederherzustellen, wenn wir zum Zwecke einer Verallgemeinerung zum semantischen Aufstieg Zuflucht genommen haben.

Tarskis Beispiel kann nicht folgendermaßen verallgemeinert werden: //13//

›*p*‹ ist wahr genau dann, wenn *p*,

denn wenn man den Schema-Buchstaben ›*p*‹ in Anführungszeichen schreibt, dann bekommt nur man den Namen des 16. Buchstabens des Alphabets und keinen allgemeinen Ausdruck für Sätze. Das Wahrheitsprädikat in seiner allgemeinen Verwendung – wenn mit einer quantifizierbaren Variablen etwa der Satz ›*x* ist wahr‹ gebildet wird – ist nicht auf einfache Weise eliminierbar. Tarski zeigte, dass es auf umwegige Weise definiert werden kann, aber nur, wenn starke sprachliche Mittel zur Verfügung stehen. Wir kommen darauf in Kapitel 3 zurück.

1.6 Verwendungsfälle und zeitlose Sätze

Wir wissen jetzt ganz allgemein, dass das, was wahr ist, Sätze sind; nun müssen wir uns um einige Verfeinerungen kümmern. Am besten betrachtet man zunächst nicht einen Satz als wahr oder falsch, sondern Ereignisse, die im Aussprechen des Satzes bestehen. Wenn jemand sagt ›Es regnet‹, während es regnet, oder ›Ich bin hungrig‹, wenn er hungrig ist, dann sind diese sprachlichen Handlungen wahr. Offenbar kann eine

Äußerung eines Satzes wahr und eine andere Äußerung desselben Satzes falsch sein.

In diesem Sinne nennt man oft auch die Niederschriften eines Satzes wahr oder falsch. So wie ein Satz wahre und falsche Äußerungen haben kann, so kann er wahre und falsche Niederschriften haben. Eine Niederschrift des Satzes ›Du schuldest mir zehn Dollar‹ kann wahr oder falsch sein, je nachdem, wer ihn hinschreibt, an wen er gerichtet ist, und wann es geschieht.

Wenn wir ohne Vorbehalt von der Wahrheit oder Falschheit von Sätzen sprechen, dann ist das eine noch abgeleitetere Redeweise. Bei *zeitlosen* Sätzen ist diese Praxis unproblematisch, d.h. bei Sätzen, die immer wahr oder immer falsch sind, unabhängig davon, unter welchen Umständen sie gerade geäußert oder niedergeschrieben werden. Bei zeitlosen Sätzen denkt man zunächst an die Sätze der Arithmetik, da der Gegenstand der Arithmetik ganz offensichtlich nichts mit Raum und Zeit zu tun hat. Dann denkt man an die Gesetze der Physik; diese beschäftigen sich zwar auf andere Weise als die Gesetze der reinen Zahlen mit der materiellen Welt, aber sie sollen für alle Örter und Zeiten gelten. Doch allgemein sind die zeitlosen Sätze gar nicht so erhaben, wie ihr Name und diese Beispiele vielleicht glauben machen. Jede beiläufige Feststellung einer unbedeutenden Tatsache kann zu einem zeitlosen Satz gemacht werden, indem man Namen und Daten einsetzt und die Zeiten der Zeitwörter weglässt. Aus ›Es regnet‹ wird dann der zeitlose Satz ›Es regnet in Boston, Mass., am 15. Juli 1968‹; aus ›Du schuldest mir zehn Dollar‹ wird ›Bernard J. Ortcutt schuldet W. V. Quine am 15. Juli 1968 zehn Dollar‹, wobei ›regnet‹ und ›schuldet‹ nicht als Gegenwartsform zu verstehen sind.

Peirce nennt Äußerungen und Niederschriften *Verwendungsfälle* (tokens) //14// des Satzes oder eines anderen sprachlichen Ausdrucks; und diesen sprachlichen Ausdruck nennt er den *Typ* (type) dieser Äußerungen und Niederschriften. Nach Frege sind Wahrheit und Falschheit die beiden *Wahrheitswerte.* Damit können wir formulieren: ein zeitloser Satz ist ein Satz, dessen sämtliche Verwendungsfälle den gleichen Wahrheitswert haben.

Es ist vorstellbar, dass durch einen merkwürdigen Zufall dieselben Laute oder Schriftzeichen in einer Sprache mit ›2 < 5‹ gleichbedeutend sind und in einer anderen mit ›2 > 5‹. Wenn wir dann von ›2 < 5‹ als einem zeitlosen Satz sprechen, dann dürfen wir ihn nur als Satz der einen Sprache betrachten, und wahr sind nur diejenigen seiner Verwendungsfälle, die in unserer Sprachgemeinschaft geäußert oder niedergeschrieben werden. Durch einen weniger merkwürdigen Zufall kann es auch vorkommen, dass ein zeitloser Satz, der einmal wahr war, falsch wird, weil sich die Semantik unserer Sprache im Laufe ihrer Entwicklung geändert hat. Auch hier müssen wir die Unstimmigkeit als einen Unterschied zwischen zwei Sprachen betrachten: dem Deutschen zu einer Zeit und dem Deutschen zu einer anderen. Dann ist und bleibt die Laut- oder Buchstabenfolge ein zeitloser Satz des älteren Deutschen, und zwar ein wahrer. Sie hat nur zufällig eine zweite Aufgabe zu erfüllen als ein falscher Satz in einer anderen Sprache, dem neueren Deutsch.

Wenn wir also einen Satz zeitlos nennen, dann tun wir das nur in Bezug auf eine bestimmte Sprache zu einer bestimmten Zeit.[4] Wegen dieser unschönen Relativität hat es einen theoretischen Vorteil, wenn man nur den Verwendungsfällen einen Wahrheitswert zuschreibt, da bei diesen gewöhnlich nicht die Frage auftaucht, um welche Sprache oder um welches Entwicklungsstadium einer Sprache es sich handelt; es handelt sich einfach um die Sprache des Sprechers oder Schreibers zur Zeit der Äußerung oder Niederschrift. In der Praxis kann es aber auch nützlich sein, zeitlosen Sätzen einen Wahrheitswert zuzuschreiben, wobei stillschweigend unsere heutigen deutschen Sprachgewohnheiten zugrunde gelegt werden.

Fassen wir unsere wichtigsten Ergebnisse zusammen. Als wahr oder falsch betrachtet man am besten nicht Propositionen, sondern Verwendungsfälle von Sätzen oder Sätze, wenn sie zeitlos sind. Der Wunsch nach einer außersprachlichen Grundlage für die Wahrheit entsteht nur, wenn man nicht beachtet, dass das Wahrheitsprädikat gerade den Zweck hat, die Erwähnung sprachlicher Formen mit dem Interesse an der objektiven Welt zu verbinden. Diese Erwähnung von Sätzen, wenn wir in Wirklichkeit an den Gegenständen interessiert sind, ist nur eine technische Notwendigkeit, die dann entsteht, wenn wir in einer Dimension verallgemeinern wollen, die sich nicht durch eine Variable erfassen lässt. //15//

2. GRAMMATIK

2.1 Rekursive Grammatik

Oben erwähnten wir das Gesetz ›Jede Adjunktion eines Satzes und seiner Negation ist wahr‹; es heißt das Gesetz des ausgeschlossenen Dritten. Es ist ein besonders einfaches, aber sonst ganz typisches logisches Gesetz. Auf den ersten Blick spricht es über die Sprache: über Sätze. Wir haben gesehen, warum es so formuliert ist: die Fälle, über die verallgemeinert wird, unterscheiden sich voneinander nicht einfach wie die Werte einer Variablen. Der Grund für den semantischen Aufstieg war nicht, dass die Fälle, über die verallgemeinert wird, z.B. ›Hans ist sterblich oder Hans ist nicht sterblich‹, etwas über die Sprache aussagten, oder auch nur, dass ihre Wahrheit besonders von der Sprache abhinge; man könnte trotzdem behaupten, die triviale Tatsache, dass Hans sterblich oder nicht sterblich ist, sei ebenso wohl allgemeinen Eigenschaften der Natur wie unserem Gebrauch der Worte zuzuschreiben. Man könnte das zumindest behaupten, falls man diesem Problem überhaupt einen Sinn abgewinnen kann. Ich werde aber in Kapitel 7 dafür plädieren, dass sich eine Schwierigkeit ergibt, wenn man das tut.

Als Kontrast werden wir uns jetzt einem Gebiet zuwenden, das wirklich mit der Sprache zu tun hat: eines, das nicht, wie die Logik, nur auf sprachliche Begriffe zurückgreift, um Verallgemeinerungen auszudrücken, sondern eines, das die Sprache auch in den Einzelfällen ihrer Verallgemeinerungen behandelt. Dieses Gebiet ist die Grammatik. Bezeichnenderweise kommt das Wahrheitsprädikat, das bei logischen Verallgemeinerungen so viel gebraucht wird, um die Wirkungen des semantischen Aufstiegs auszugleichen und den Bezug auf die Gegenstände wiederherzustellen, bei grammatischen Verallgemeinerungen nicht vor, jedenfalls nicht nach klassischer Auffassung. Die Grammatik bezieht sich ihrem Ansatz nach auf die Sprache.

Zunächst werde ich die Aufgaben der Grammatik im Sinne der einfachen klassischen Auffassung darstellen und verschiedene Verfeinerungen zurückstellen. Wir denken uns den Grammatiker vor einer sprechenden Bevölkerung und //16// mit einer nicht zu umfangreichen Liste von *Phonemen* ausgestattet. Das sind kleine Einheiten der Lautsprache, die Analoga der Buchstaben. Alles Gesprochene soll als eine Folge von Phonemen darstellbar sein; wesentlich verschiedenen Äußerungen dürfen nicht gleiche Phonemfolgen entsprechen. Um zu zeigen, dass zwei akustisch verschiedene Laute für den Sprecher wesentlich verschieden und damit verschiedene Phoneme sind, reicht es, eine Äußerung zu finden, der der Sprecher zustimmt und nach Vertauschung der Laute nicht mehr zustimmt. Die Phoneme einer Sprache können also empirisch ziemlich leicht bestimmt werden, und wir stellen uns vor, dass das schon geschehen ist, wenn der Grammatiker auf den Plan tritt.

Der Grammatiker stellt sich nun die Frage, welche Phonemfolgen zu der Sprache gehören. Welche Folgen werden überhaupt geäußert, und welche gelten in der Sprachgemeinschaft als normale Äußerungen? Der Grammatiker soll die Klasse dieser Phonemfolgen formal bestimmen. Formal? Das bedeutet, es soll eine rein mathematische Theorie der endlichen Phonemfolgen sein. Genauer, man darf nur folgende sprachliche Mittel verwenden: neben den üblichen logischen Zeichen und jedem gewünschten Hilfsapparat der reinen Mathematik, Namen für die Phoneme und ein Symbol für die Aneinanderreihung von Phonemen.

Eine reine Aufzählung der Phonemfolgen wäre bereits formal, aber sie würde nicht ausreichen, denn die gewünschten Folgen haben zwar endliche Länge, aber es gibt unendlich viele. So hilft sich der Grammatiker mit der Rekursion: er stellt ein *Lexikon* auf, eine Liste der Wörter, sowie grammatische *Bildungsregeln,* nach denen man zusammengesetzte Ausdrücke bilden kann. Es ist seine Aufgabe, das Lexikon und die Bildungsregeln so zu erdenken, dass er die gewünschte Klasse abgrenzen kann: die Klasse aller Phonemfolgen, die in der normalen Sprache geäußert werden können. Die Phonemfolgen, die man aus dem Lexikon durch wiederholte Anwendung der Bildungsregeln gewinnen kann, sollten alle so beschaffen sein, dass sie in der normalen Sprache vorkommen können; und umgekehrt sollte jede Phonemfolge, die so beschaffen ist, dass sie in den normalen Sprache vorkommen kann, aus dem Lexikon durch die Bildungsregeln zu gewinnen sein (oder sollte jedenfalls ein Teil einer Folge sein, die als ganze aus dem Lexikon durch die Bildungsregeln gewonnen werden kann).

Stellen wir die Bildungsschritte, die zu einem komplizierten Ausdruck führen, dar, so ergibt sich eine Art umgekehrter Baum, eine Art

Stammbaum. Oben steht der zusammengesetzte Ausdruck. Auf der Ebene darunter stehen seine »unmittelbaren Bestandteile« – einer oder zwei oder mehrere –, aus denen er mit einer Bildungsregel //17// erzeugt wurde. Unterhalb jedes dieser Bestandteile stehen dessen unmittelbare Bestandteile, usw. Jeder Zweig endet unten bei einem Wort.

Chomsky hat die Auffassung vertreten, dass die englische Grammatik nicht befriedigend in Form solcher Bäume der Bildungsregeln darstellbar sei; man brauche auch grammatische Transformationen. Einige Zusammensetzungen kann man am besten verstehen, wenn man sich zwischen verschiedenen Bäumen der Bildungsregeln vor- und zurückarbeitet. Transformationen erlauben diese seitliche Bewegung. Auch in dieser erweiterten Form bleibt die Grammatik ihrem Vorsatz einer formalen Grenzziehung treu, denn jede Transformation, die man für eine bestimmte Grammatik benötigt, lässt sich formal bestimmen. Wir brauchen uns aber mit ihnen nicht abzugeben; für die künstlichen Ausdrücke der Logik sind sie unnötig, und mit der Grammatik dieser Ausdrücke werden wir uns weiter unten beschäftigen.

2.2 Kategorien

Als Hilfsmittel für die Bestimmung der Bildungsregeln werden die Lexikoneinträge in grammatische *Kategorien* eingeteilt. Denn wir möchten in der Lage sein, eine Bildungsregel zu bestimmen, indem wir angeben, welche Wirkung sie auf einen Ausdruck von der und der Kategorie oder welche Wirkung sie auf ein Paar von Ausdrücken hat, der eine Ausdruck von der, der andere von einer anderen Kategorie. Da die zusammengesetzten Ausdrücke, die durch die Bildungsregeln gewonnen werden, als Element eines weiteren Bildungsschritts verwendbar sein sollen, muss auch angegeben werden, welcher Kategorie jede Bildungsregel angehört.

Eine Bildungsregel sieht also folgendermaßen aus: man nehme beliebige Ausdrücke, die den und den Kategorien anzugehören haben, und verknüpfe sie in der und der Weise; das Ergebnis gehört der und der Kategorie an. Die Verknüpfung besteht gewöhnlich in der Einsetzung eines bestimmten Verbindungsworts, z.B. ›oder‹, ›plus‹, ›und‹, ›aber‹. Manche Bildungsschritte verarbeiten nur ein Element, z.B. die Negation, die ihm die Partikel ›nicht‹ voranstellt.

Ursprünglich waren nur die Wörter in Kategorien eingeteilt. Aufgrund der Bildungsregeln gibt es jetzt auch zusammengesetzte Ausdrücke als Mitglieder einer Kategorie. Eine Bildungsregel kann sogar eine neue Kategorie erzeugen, zu der keine Wörter gehören, z.B. die Klasse der Sätze. Die Bildungsregeln lassen sich wieder und wieder anwenden, und die Kategorien bekommen unbegrenzt viele Elemente.

Die Kategorien entsprechen den herkömmlichen grammatischen Begriffen, aber nicht jede Kategorie muss mit einem solchen herkömmlichen Begriff identisch sein. Eine Kategorie könnte die der Eigennamen sein, eine andere //18// die der Kopula, die der intransitiven Verben, die der Adjektive. Eine Bildungsregel könnte lauten: durch Verbindung einer Kopula mit ›nicht‹ ergibt sich eine zusammengesetzte Kopula. Eine andere: eine Kopula wird einem Adjektiv vorangestellt und liefert ein zusammengesetztes intransitives Verb, z.B. ›ist sterblich‹, ›ist nicht sterblich‹. Eine dritte: aus einem Eigennamen und einem intransitiven Verb entsteht ein Satz, z.B. ›Hans ist sterblich‹, ›Hans ist nicht sterblich‹. Schließlich: zwei mit ›oder‹ verbundene Sätze ergeben einen Satz: ›Hans ist sterblich oder Hans ist nicht sterblich‹. Die Grammatik sagt uns indirekt mit Hilfe des Lexikons, der Kategorien und der Bildungsregeln also nicht, dass dieser Satz wahr ist, sondern nur, dass er richtiges Deutsch ist.

Welche Klassen von Ausdrücken als Kategorien gelten sollen, hängt davon ab, welche Bildungsregeln aufgestellt werden sollen und welche Kategorien dabei nützlich sind. Man kann also erwarten, dass zwei Mitglieder einer Kategorie grammatisch austauschbar sein werden: die Vertauschung kann zwar den Wahrheitswert des Satzes ändern, aber er bleibt ein grammatisch richtiger Satz. Mit einem von Geach wieder aufgegriffenen Ausdruck der Scholastik kann man die Mitglieder einer Kategorie austauschbar *salva congruitate* nennen. Damit formulieren wir eine theoretische Definition der grammatischen Kategorie, die direkt auf alle Sprachen anwendbar ist: die Kategorie eines Ausdrucks ist die Klasse aller mit ihm *salva congruitate* austauschbaren Ausdrücke. Dieser Begriff der Kategorie wurde von Husserl eingeführt.

Offenbar bleibt jeder Satz grammatisch richtig, wenn man ›geräuschvoll‹ durch ›laut‹ ersetzt; doch die umgekehrte Ersetzung macht aus ›laut

Paragraph 1 ...‹ Unsinn. Die Austauschbarkeit *salva congruitate* ist also nicht symmetrisch. Um das zu verschleiern, haben die Grammatiker Unterscheidungen eingeführt: sie betrachten ›laut‹ als zwei verschiedene Wörter, ein Adjektiv oder eine Präposition, je nachdem, ob es mit ›geräuschvoll‹ austauschbar ist oder nicht. Aber wenn wir das Wort konsequent als Folge von Phonemen auffassen, dann ist eine solche Unterscheidung nicht möglich. Ehrlicherweise können wir nur sagen, dass ›geräuschvoll‹ und ›laut‹ zu verschiedenen Kategorien gehören, weil sie nicht durchweg *salva congruitate* austauschbar sind. So weit, so gut.

Doch dieses Kriterium bewährt sich schlecht unter einem neuen Gesichtspunkt. Fassen wir ›Gas‹ konsequent als Phonemfolge auf, wie ist es dann mit dem zufälligen Vorkommen von ›Gas‹ in ›Gast‹? Hier kann für ›Gas‹ überhaupt nichts eingesetzt werden, und es gibt überhaupt keine *salva congruitate* austauschbaren Wörter mehr, wenn man solches zufälliges Vorkommen gelten lässt. Die Kategorien würden nur noch ein einziges Wort umfassen. Können wir die Definition in Ordnung bringen, indem wir den Austausch nur dann zulassen, wenn (anders als bei ›Gas‹ in ›Gast‹) das //19// Wort ein Element eines grammatischen Bildungsschritts ist? Nein, dann geraten wir in einen Zirkel, denn der Begriff der Bildungsregel fußt auf dem Begriff der Kategorie, kann diesen also nicht definieren helfen.

2.3 Immanenz und Transzendenz

Theoretisch ist gar keine Definition der grammatischen Kategorie vonnöten, die für jede Sprache anwendbar ist. Um das zu zeigen, teilen wir jetzt die linguistischen Begriffe in, wie ich sie nennen werde, *immanente* und *transzendente* ein. Ein Begriff ist immanent, wenn er für eine bestimmte Sprache definiert ist, transzendent, wenn er sich auf alle Sprachen bezieht.

Wir möchten zum Beispiel vor der Kenntnis einer bestimmten Sprache fragen können, ob eine bestimmte Phonemfolge zu dieser Sprache gehört. Wir möchten die Aufgabe des Grammatikers für *jede beliebige* gegebene Sprache angeben können als die formale Bestimmung der zu dieser Sprache gehörenden Folgen. Das ist ein *transzendenter* Begriff der grammatischen Richtigkeit, ein transzendenter Begriff der Relation einer Phonemfolge zu einer Sprache, der sie zugehört; er selbst ist nicht formal, sondern im Idealfall wäre er in Verhaltensbegriffen formuliert, die auf jede beliebige Sprache anwendbar sind. Wir haben schon eine ungenaue Formulierung kennengelernt: eine Phonemfolge gehört zu der Sprache einer gegebenen Sprachgemeinschaft, wenn sie in dieser als normale Äußerung gilt. Ich werde mich damit alsbald kritisch auseinander setzen.

Ein eindeutiges Beispiel für das Gegenteil, einen *immanenten* Begriff, ist der Begriff der *der*-Wörter in der deutschen Grammatik. Das ist eine Klasse von Wörtern, die sich dadurch auszeichnen, dass ein folgendes Adjektiv »schwach gebeugt« werden muss. Es wäre unsinnig, sich zu fragen, was die *der*-Wörter in irgendeiner anderen Sprache sind. Für das Deutsche geben wir die Klasse der *der*-Wörter formal, durch Aufzählung, an: das ist ein an sich uninteressanter Teil der größeren Aufgabe, die gesamte Klasse aller richtigen deutschen Phonemfolgen zu bestimmen. Der Begriff der schwachen Beugung ist ebenfalls immanent; wir zählen die schwachen Beugungen im Deutschen auf, und wenn wir den Ausdruck ›schwache Beugung‹ auf eine andere Sprache übertragen, dann nur, weil wir irgendeine Familienähnlichkeit empfinden, die aber keine entscheidende Rolle spielt. Die beiden Begriffe hätten wenig mehr als bloß die Bezeichnung gemein.

Wenn wir, ausgehend von einem hinreichend transzendenten Begriff der grammatischen Richtigkeit, den Begriff der grammatischen Kategorie einfach nach Husserl durch die Austauschbarkeit *salva congruitate* definieren, dann wäre der Begriff der grammatischen Kategorie ebenfalls transzendent. Wir haben aber Gründe für die Befürchtung kennengelernt, //20// dass dann die Kategorien viel zu eng würden, um nützlich zu sein. Überhaupt brauchen die Kategorien gar nicht transzendent zu sein. Wenn wir die Grammatik einer Sprache aufstellen, bestimmen wir formal die Klasse der zu ihr gehörenden Phonemfolgen; um dafür eine Rekursion zu haben, geben wir formal einige nützliche Klassen und einige Bildungsregeln an. Wenn wir diese Klassen grammatische Kategorien nennen, dann ist das nur ein bequemer Name im Rahmen der Grammatisierung dieser Sprache; verwenden wir denselben Ausdruck in der Grammatik einer anderen Sprache, so beruht das auf einer gewissen Familienähnlichkeit, die aber keine entscheidende Bedeutung hat. Nach dieser Auffassung hat es keinen Sinn, sich zu fragen, was die grammatischen Kategorien irgendeiner fremdartigen Sprache wohl sein würden; der Begriff ist immanent, wie der der *der*-Wörter.

Auch den Begriff der Bildungsregel kann man als immanent ansehen. Ebenso der Begriff des Wortes oder, um es technischer auszudrücken, des *Morphems*. Es wird manchmal ungenau als die kleinste bedeutungsträchtige Einheit definiert; diese Definition würde den Morphembegriff transzendent machen, sofern sie überhaupt sinnvoll ist. Denn nach welchem Kriterium würde man kürzere Phonemfolgen als Sätze oder noch längere Folgen wohl bedeutungsträchtig nennen können? Wenn man das Morphem bedeutungsträchtig nennt, weil es zur Bedeutung eines Satzes beiträgt, warum dann nicht auch jedes bloße Phonem? Der Begriff der Bedeutung ist zu undeutlich, als dass er eine Definition des Morphems abgeben könnte. Wir brauchen auch gar keine transzendente Definition. Wie man eine Phonemfolge in Wörter oder Morpheme einteilen soll, ist nur eine Frage der Einfachheit und Zweckmäßigkeit im Rahmen der rekursiven Bestimmung der Klasse der zu dieser Sprache gehörenden Folgen. Es ist einfach die Frage, was man zweckmäßig am Anfang als Elemente festlegt und was man besser durch Bildungsschritte aufbaut.

Der Begriff des *Lexikons* ist dann auch immanent; denn das Lexikon enthält eben die Wörter oder Morpheme, die Kategorien angehören. Einige Wörter gehören keiner Kategorie an, sondern gelten als Bestandteile der Bildungsregeln, z.B. ›nicht‹ und ›oder‹. Ich komme darauf auf S. 51–52 zurück.

2.4 Erneute Überprüfung: Die Aufgabe des Grammatikers

Ist nun der Begriff des Satzes transzendent? Was bedeutet es allgemein, wenn man sagt, eine Phonemfolge sei ein Satz in der Sprache einer gegebenen Sprachgemeinschaft? Man kann das etwas großzügig so verstehen: die Folge gehört nicht nur zu der Sprache (d.h. ist //21// eine normale Äußerung), sondern kann zwischen normalen, nicht erzwungenen Pausen geäußert werden. Dieser Begriff des Satzes ist transzendent. Aber für die Aufgabe des Grammatikers ist er überflüssig. Als Hilfsmittel für die Bestimmung der Klasse der grammatisch richtigen Folgen – der in der betreffenden Sprache normalen Folgen – führt der Grammatiker vielleicht eine sogenannte grammatische Kategorie ein, die aus den sogenannten Sätzen besteht, aber sie ist formal und immanent; zwischen diesen Kategorien für zwei verschiedene Sprachen braucht es nichts als eine gewisse Familienähnlichkeit zu geben, die keine entscheidende Bedeutung hat. Normalerweise taucht die Kategorie des Satzes im vorletzten Schritt der formalen Grammatik auf; und dann, als letzter Schritt, wird die Klasse der grammatisch richtigen Folgen bestimmt als die Klasse aller Teile von Satzfolgen. Ein transzendenter Begriff der grammatischen Richtigkeit ist hier ganz am Schluss am Platze, damit der Grammatiker angeben kann, worauf er hinaus will.

Der transzendente Begriff der grammatischen Richtigkeit braucht nicht formal zu sein, wohl aber klar und verständlich. Wie steht es mit unserer vorläufigen Formulierung: »eine Folge, die als normale Äußerung vorkommen kann«? Sie appelliert an eine Sprachdisposition, statt sich auf das wirkliche Verhalten zu beziehen; aber das beklage ich nicht. In jeder Wissenschaft muss man von Dispositionen sprechen. Das Verhalten weist auf die Disposition hin; die Disposition ist ein hypothetischer innerer Zustand, der das Verhalten mit hervorbringt. Je weiter die Neurologie fortschreitet, desto besser wird man vielleicht über solche inneren Zustände Bescheid wissen.

Die Rede von dem, was »als normale Äußerung vorkommen kann«, ist trotzdem unerträglich unbestimmt. Die Unbestimmtheit liegt nicht im Sprechen über Dispositionen als solchem, weniger im ›kann‹ als im ›normal‹, oder vielleicht in ihrer Verbindung. Die Schwierigkeit wird durch die Beispiele der Philosophen für Unsinn beleuchtet: Russells »Die Vierfachheit trinkt Verzögerung«, Carnaps »Dieser Stein denkt jetzt über Wien nach«. Manche würden diese Sätze eher als falsch denn als sinnlos ansehen, aber auch die, die sie als sinnlos ansehen, nennen sie im Allgemeinen grammatisch richtig. Soll man also sagen, sie könnten als normale Äußerungen vorkommen? Es dämmert der Verdacht, dass der Begriff der Normalität in dem hier zutreffenden Sinn auf dem Begriff der grammatischen Richtigkeit beruht, anstatt diesen erklären zu können.

Der Grammatiker nützt auch die Unbestimmtheit des transzendenten Begriffs der grammatischen Richtigkeit aus und biegt ihn so hin, dass er in die formale Bestimmung passt. Die Rekursion wird dadurch so bestimmt, dass sie gerade alles das erfasst, was in der Sprachgemeinschaft zu hören ist; ausgefallene Sätze wie die Beispiele von Russell und Carnap //22// werden nur deshalb nicht ausgeschaltet, weil sonst die Rekursion zu kompliziert würde.

Das Ziel des Grammatikers lässt sich also nicht mit einem brauchbaren transzendenten Begriff der grammatischen Richtigkeit beschreiben. Teilweise wird das Ziel des Grammatikers einfach durch den Fortschritt des Grammatikers definiert, es zu erreichen. Drücken wir es weniger rätselhaft aus: das Ziel des Grammatikers ist es, auf möglichst einfache und natürliche Weise eine Klasse von Phonemfolgen formal zu bestimmen, die möglichst alle Äußerungen, die tatsächlich zu hören sind, und möglichst wenige Äußerungen, die nie zu hören sind, umfasst. Der Grammatiker wird nicht einmal *alle* Äußerungen erfassen, die er tatsächlich hört; um die formale Bestimmung einfach zu halten, wird er einige Äußerungen als Versprecher oder Fehler ausschließen. Diese bescheidene Bestimmung des undeutlichen Ziels des Grammatikers ist so ziemlich das Beste, was ich transzendent formulieren kann; und es wird kein stärkerer transzendenter Begriff als der der wahrgenommenen Äußerung verwendet.

2.5 Logische Grammatik

Wir bemühen uns nicht weiter um eine Definition der Aufgabe des Grammatikers, sondern wenden uns jetzt einer genaueren Betrachtung der grammatischen Analyse in einem engeren Kontext zu: ihrer Bedeutung für die Formeln der symbolischen Logik. Dank ihrer Künstlichkeit haben sie eine erfreulich einfache Grammatik. Man kommt mit einem Lexikon und Bildungsregeln aus und braucht keine Transformationen. Zudem können die grammatischen Kategorien eindeutig auf der Grundlage der Austauschbarkeit *salva congruitate* bestimmt werden; es gibt keine Komplikation mit Mehrdeutigkeiten und kein zufälliges Vorkommen wie das von ›Gas‹ in ›Gast‹.

Die künstliche Schreibweise, die in der modernen Logik so im Vordergrund steht, hat eine Grammatik mit folgenden Kategorien: eine Kategorie der einstelligen Prädikate oder intransitiven Verben; eine der zweistelligen Prädikate oder transitiven Verben; vielleicht noch einer der dreistelligen Prädikate usw. Dann gibt es die Kategorie der unendlich vielen Variablen ›*x*‹, ›*y*‹, ›*z*‹, ›*x*'‹, ›*y*'‹, ›*z*'‹, ›*x*''‹ usw. Der Strich, den man hinzufügt, um ›*x*'‹ aus ›*x*‹ und ›*x*''‹ aus ›*x*'‹ zu bilden, weist nicht auf eine Beziehung hin; er dient lediglich dazu, den Bestand an Variablen zu vergrößern.

Das Lexikon einer Sprache ist eine endliche Menge, der Grammatiker präsentiert es als eine Liste. Wir stellen uns vor, dass die Prädikate so aufgezählt sind. Die Kategorie der unendlich vielen Variablen entsteht aus einem endlichen Lexikon durch Anwendung einer Bildungsregel. Die Variablen in dem Lexikon sind nur die Buchstaben ›*x*‹, ›*y*‹ und ›*z*‹, und die Bildungsregel ist die *Strichsetzung*, die Anfügung immer nur genau eines Striches. Die Variable ›*x*'‹ ist also ein grammatisch zusammengesetzter Ausdruck. //23//

Dann enthält die Grammatik noch einige weitere grammatische Bildungsregeln. Eine davon ist die *Prädizierung* mit einem einstelligen Prädikat. Sie besteht darin, dass ein solches Prädikat, z.B. das Verbum ›geht spazieren‹, mit einer Variablen zu einem Satz verbunden wird: ›*x* geht spazieren‹. Das Ergebnis ist ein *atomarer* Satz, d.h. ein Satz, der keinen anderen Satz enthält, und ein *offener* Satz, denn er enthält eine Variable. Er ist wahr *für* bestimmte Werte der Variablen, nämlich die, die spazieren gehen, und falsch für die anderen; der offene Satz selbst ist aber weder wahr noch falsch.

Eine andere Bildungsregel ist die der Prädizierung mit einem zweistelligen Prädikat. Ein solches Prädikat, z.B. das transitive Verbum ›liebt‹, wird mit zwei Variablen verbunden, und es entsteht wieder ein offener atomarer Satz: ›*x* liebt *y*‹. Vielleicht gibt es noch die Prädizierung mit drei- und mehrstelligen Prädikaten. Jeweils werden Prädikate mit einer oder mehreren Variablen verbunden, und es ergeben sich Mitglieder einer neuen Kategorie: Sätze. Diese Kategorie enthält nur zusammengesetzte Ausdrücke, denn auch ein atomarer Satz ist aus einem Prädikat und einer oder mehreren Variablen zusammengesetzt.

Die übrigen Bildungsregeln betreffen die Bildung von Sätzen aus Sätzen. Eine ist die *Negation*, die darin besteht, einem Satz das Symbol ›~‹ oder ›nicht‹ voranzustellen, um wieder einen Satz zu bilden. Eine andere ist die *Konjunktion* (im logischen Sinne): Sie besteht darin, zwei Sätze durch die Partikel ›und‹, bzw. in symbolischer Notation durch einen Punkt, zu verbinden, um einen zusammengesetzten Satz zu bilden.

Schließlich gibt es eine dritte Bildungsregel für Sätze, die *Existenzquantifikation,* die aus einem offenen Satz, angewandt auf eine Variable, einen Satz macht. Die Variable, sagen wir der Buchstabe ›*x*‹, wird quantifiziert, indem man dem offenen Satz den Ausdruck ›∃*x*‹ voranstellt. Es ergibt sich ›∃*x* (*x* geht spazieren)‹ mit der Bedeutung: Es gibt etwas, was spazieren geht.

Das ist die ganze logische Grammatik, die ich einführen wollte. Es fehlt nur die Liste der Prädikate. Diese könnte die einstelligen Prädikate ›geht spazieren‹, ›ist weiß‹ enthalten, die zweistelligen Prädikate ›liebt‹, ›<‹, ›ist schwerer als‹, ›ist teilbar durch‹, usw. Der Logiker interessiert sich nicht für die vollständige Liste, denn die Struktur der Sprache hängt nicht von ihr ab.

2.6 Überflüssige Sprachelemente

Es sieht so aus, als hätte ich nicht nur die Liste der Prädikate weggelassen, sondern auch einige logische Bildungsregeln, z.B. die *Adjunktion,* die Verknüpfung zweier Sätze mit der Partikel ›oder‹ zu einem zusammengesetzten Satz. Sie ist praktisch nützlich, aber theoretisch überflüssig. Jeder Logikstudent //24// weiß, wie man sie mit Hilfe der Negation und der Konjunktion ausdrücken kann: Stellen wir uns anstelle der Buchstaben ›p‹ und ›q‹ beliebige Sätze vor, so können wir statt ›p oder q‹ ›$\sim (\sim p \,.\, \sim q)$‹ schreiben.

Eine andere wichtige logische Verknüpfung ist die *Implikation.* Sie macht aus zwei Sätzen mit Hilfe der Partikel ›wenn‹ einen zusammengesetzten Satz: ›wenn p, q‹. Der Sinn dieser gebräuchlichen Verknüpfung ist freilich nicht immer ganz klar. ›Wenn Liese schöner wäre als Marie, wäre Liese wirklich schön‹; ›Wenn Liese schöner wäre als Marie, wäre Marie wirklich hässlich‹. Im Allgemeinen ergibt sich der Sinn einer Implikation erst aus dem größeren Zusammenhang. Die Implikation hat auch einen wohlbestimmten eigenen Sinn, aber der lässt sich ebenso gut durch Negation, Konjunktion und Existenzquantifikation wiedergeben. Beispiel: ›Wenn ein Lebewesen ein Herz hat, hat es auch Nieren‹ lässt sich so schreiben:

$\sim \exists x$ (x ist ein Lebewesen . x hat ein Herz . $\sim$ (x hat Nieren)).

Oft kann auch der Sinn einer Implikation ›wenn p, q‹ allein mit Negation und Konjunktion wiedergegeben werden: $\sim (p \,.\, \sim q)$. Man spricht dann von der *materialen Implikation.*

Schließlich gibt es die *Äquivalenz,* die mit der mehrsilbigen Verknüpfung ›genau dann, wenn‹ gebildet wird. Sie stellt kein zusätzliches Probleme dar, denn sie lässt sich mittels der Implikation und der Konjunktion ausdrücken: ›wenn p, q . wenn q, p‹. Die *materiale Äquivalenz* lässt sich dann so schreiben: ›$\sim (p \,.\, \sim q) \,.\, \sim (q \,.\, \sim p)$‹, wofür ich die übliche Abkürzung ›$p \leftrightarrow q$‹ verwende. Der Wahrheitswert der Negation, Konjunktion, Adjunktion, materialen Implikation und materialen Äquivalenz ist offenbar durch die Wahrheitswerte der in sie eingehenden Sätze bestimmt. Daher nennt man diese und andere entsprechende Verknüpfungen *Wahrheitsfunktionen.* Es ist bekannt und leicht beweisbar, dass sich alle Wahrheitsfunktionen mit Hilfe der Negation und der Konjunktion ausdrücken lassen.

Man gebe auf die Rolle der Schema-Buchstaben ›*p*‹ und ›*q*‹ in den obigen Formulierungen wohl acht. Sie gehören nicht zu der *Objektsprache* – der Sprache, die ich mit ihrer Hilfe dargestellt habe. Sie deuten schematisch Plätze an, an denen man sich Sätze der Objektsprache denken soll. Ähnlich deuten wir mit ›*Fx*‹ schematisch den Platz eines Satzes an, der ›*x*‹ als *freie,* d.h. nicht quantifizierte Variable enthält. Für die Existenzquantifikation schreiben wir schematisch ›$\exists x\, Fx$‹. Der //25// Schema-Buchstabe ›*F*‹ kommt ebenso wie ›*p*‹ und ›*q*‹ in der Objektsprache nicht vor.

Ich habe erklärt, warum ich die Adjunktion, die Implikation und die Äquivalenz in unsere Liste der Bildungsregeln nicht aufnehme. Eine ähnliche Bemerkung gilt auch für die *Allquantifikation*: $\forall x\, Fx$. ›$\forall x\, Fx$‹ will sagen, dass der offene Satz, der an der Stelle von ›*Fx*‹ steht, von jedem Gegenstand *x* erfüllt wird. Die Allquantifikation spielt praktisch eine große Rolle, aber theoretisch ist sie entbehrlich, denn ›$\forall x\, Fx$‹ sagt offenbar nichts anderes als ›$\sim\exists x \sim Fx$‹.

Weiter habe ich darauf verzichtet, verschiedene Kategorien von Variablen einzuführen, die über verschiedene Arten von Gegenständen laufen. Das dient wieder nur der Bequemlichkeit und ist völlig entbehrlich. Statt neue Variablen ›α‹, ›β‹ usw. einzuführen, die über Gegenstände der neuen Art *K* laufen, können wir ebenso gut die alten Variablen verwenden, die über alle Gegenstände laufen, und die besonderen Gegenstände, wenn nötig, durch ein Prädikat ›*K*‹ kennzeichnen. Statt ›$\exists \alpha\, F\alpha$‹ können wir also auf die alte Art ›$\exists x\, (Kx\,.\, Fx)$‹ schreiben.

2.7 Namen und Funktoren

Vor allem habe ich auf *Namen* verzichtet. Auch sie dienen nur der Bequemlichkeit und sind völlig entbehrlich aus dem folgenden Grund: Sei ›*a*‹ ein Name und ›*Fa*‹ ein Satz, in dem der Name vorkommt. Offenbar ist ›*Fa*‹ aber äquivalent mit ›$\exists x (a = x \,.\, Fx)$‹. Man sieht, dass ›*a*‹ überhaupt nur in Form von ›*a* =‹ vorzukommen braucht. Wir können aber für ›*a* =‹ einfach das Prädikat ›*A*‹ schreiben und so auf den Namen ›*a*‹ verzichten. Aus ›*Fa*‹ wird dann › $\exists x (Ax \,.\, Fx)$‹, wobei das Prädikat ›*A*‹ nur auf den Gegenstand *a* zutrifft.

Man könnte einwenden, diese Umschreibung garantiere nicht mehr die Eindeutigkeit, die der Name hatte. Dieser bezieht sich grundsätzlich nur auf einen Gegenstand, während das bei einem Prädikat nicht der Fall ist. Aber wir verlieren dadurch nichts; wenn wir wollen, können wir ausdrücken, dass ›*A*‹ nur auf einen einzigen Gegenstand zutrifft:

$$\exists x Ax, \quad \sim\exists x \exists y (Ax \,.\, Ay \,.\, \sim(x = y)).$$

(Das Zeichen ›=‹ für die Identität ist entweder ein Grundprädikat der Sprache oder durch solche ausdrückbar.)

Auch wenn wir keine Namen verwenden, sprechen wir über *a* und andere Gegenstände, denn sie sind die Werte der quantifizierten Variablen. Ein Gegenstand kann eindeutig gekennzeichnet werden durch einen offenen Satz (mit einer freien Variablen), der nur genau auf diesen einen Gegenstand zutrifft. ›*Ax*‹ ist ein solcher Satz für den Gegenstand *a*. Wenn man will, kann man sogar die Namen als Abkürzungen einführen. Das wäre einfach die //26// Umkehrung des Vorgehens, mit dem wir die Namen ausgeschaltet haben. Jede Prädikation, nehmen wir ›*Fa*‹, in der der Name ›*a*‹ vorkommt, würde man als Abkürzung für ›$\exists x (Ax \,.\, Fx)$‹ einführen. Das ist etwa der Gedanke, der Russells Theorie der Beschreibung von Einzeldingen zugrunde liegt.

In dem System, das überflüssigerweise Namen enthält, gibt es zwei Kategorien von Ausdrücken für Gegenstände: Variablen und Namen. Wir müssen sie als zwei Kategorien betrachten, denn Namen können nicht quantifiziert werden. Die Asymmetrie zwischen ›geräuschvoll‹ und ›laut‹ wiederholt sich hier in der künstlichen Sprache: man kann einen Namen *salva congruitate* durch eine Variable ersetzen, aber nicht immer umgekehrt.

Namen sind ganz bequem, ebenso wie die Allquantifikation und die überflüssigen Wahrheitsfunktionen. In der Praxis verwenden wir sie alle, und dazu noch die *Funktoren*. Ein einstelliger Funktor macht aus einem Gegenstandsausdruck einen Gegenstandsausdruck, z.B. ›Quadrat von‹, ›Vater von‹. Ein zweistelliger Funktor macht aus zwei Gegenstandsausdrücken einen Gegenstandsausdruck, z.B. ›+‹. Entsprechend gibt es drei- und mehrstellige Funktoren. Auch die Funktoren sind bequem, aber überflüssig; man kann sie durch geeignete Prädikate ersetzen, indem man die Methode erweitert, mit der wir Namen ersetzt haben.

Funktoren erzeugen zusammengesetzte Gegenstandsausdrücke. Diese und die Namen gehören in dieselbe Kategorie – die der Gegenstandsausdrücke, die nicht Variablen sind. Die zusammengesetzten Gegenstandsausdrücke können Variablen enthalten; aber sie können nicht, wie die Variablen, quantifiziert werden.

Künstliche Sprachen wie die eben betrachtete kann man mit Tarski *Standardsprachen* nennen. Mit diesem Ausdruck bezeichnet man sowohl Sprachen, die Namen, zusammengesetzte Gegenstandsausdrücke und Funktoren über die vorher erwähnten einfacheren Sprachelemente hinaus enthalten können, als auch solche, die das nicht tun. Diese letzte Gruppe, die Standardsprachen der einfachen und enthaltsamen Art, unterscheiden sich voneinander nur durch ihr Vokabular der Prädikate. Diese Standardsprachen haben Variablen, Prädikate, Negation, Konjunktion und Existenzquantifikation gemeinsam.

2.8 Lexikon, Partikel und Name

Das grammatische Schema der Kategorien und Bildungsregeln führt zu einer gebräuchlichen linguistischen Unterscheidung zwischen zwei Arten von Vokabular: dem Lexikon und den Partikeln. Das ist keine neue Unterscheidung. Sie ist in der japanischen Rechtschreibung seit langem üblich: dort wird für die Partikeln eine besondere japanische Silbenschrift verwendet (und eine andere für die europäischen Fremdwörter), während für das Lexikon die chinesische Schrift verwendet wird.

Der Unterschied ist folgender: die in Kategorien eingeteilten Wörter gehören zum Lexikon, während die Wörter oder Zeichen, die nicht so //27// eingeteilt sind und nur in den Bildungsregeln vorkommen, die Partikeln sind. In unserer logischen Schreibweise ist eine Partikel das Zeichen ›~‹, das, wenn man es als Präfix voranstellt, eine Negation erzeugt; ein anderes Zeichen ist der Punkt, der, wenn man ihn zwischen zwei Ausdrücke stellt, eine Konjunktion erzeugt; wieder ein anderes Zeichen ist der Strich ›'‹, dessen

Anfügung weitere Variablen erzeugt; ein weiteres Zeichen ist der Existenzquantor ›∃‹; und noch andere Zeichen sind die Klammern, die zur Existenzquantifikation gehören und manchmal auch bei der Negation und Konjunktion Teilsätze in bestimmter Weise zusammenfassen.

Die Unterscheidung zwischen Lexikon und Partikeln genießt freilich im Westen mehr Ansehen als im Osten. Sie entspricht der scholastischen Unterscheidung zwischen kategorematischen und synkategorematischen Wörtern und geht, auch terminologisch, auf die Antike zurück.[5] Es gibt einen Zusammenhang mit den kategorischen Aussagen im Syllogismus; die Ausdrücke in einer kategorischen Aussage heißen kategorematisch.

Diese Bezeichnung passt heute überraschend gut, wo wir von grammatischen Kategorien sprechen; die kategorematischen Ausdrücke sind gerade die, die in Kategorien eingeteilt sind. Aber die Theorie der grammatischen Kategorien, Lexika und Bildungsregeln ist nicht an diesen alten Dingen orientiert. Damals verstand man unter ›kategorematisch‹ etwas recht Unklares, etwa ›für sich allein bedeutungsträchtig‹. Unser Begriff des Lexikons oder der Mitglieder der grammatischen Kategorien scheint aber auf etwas Ähnliches hinauszulaufen.

Wenn etwas im Lexikon steht, dann braucht es natürlich kein Name zu sein. Wenn einige Scholastiker und moderne Philosophen den Unterschied zwischen kategorematischen und synkategorematischen Wörtern mit dem zwischen Namen und anderen Wörtern gleichzusetzen scheinen, dann ist leicht einzusehen, warum: Sie gehen davon aus, dass Prädikate Namen von Eigenschaften sind. Die Terminologie kann sich dann ändern, so dass ein Philosoph, der bestreiten möchte, dass Prädikate Namen sind, das schließlich dadurch ausdrückt, dass er sie synkategorematisch nennt.

Ich werde die alten Ausdrücke ›kategorematisch‹ und ›synkategorematisch‹ nicht benützen. Ich wiederhole aber den für uns hier sehr wichtigen Punkt: wenn etwas im Lexikon steht, braucht es kein Name zu sein. Wenn Prädikate im Lexikon stehen, dann hat man sie damit nicht zu Namen gemacht und Eigenschaften eingeführt, deren Namen sie sind. Ein Name ist dadurch gekennzeichnet, dass er stets bei der Prädizierung an der Stelle einer Variablen stehen kann, und dass immer ein wahrer Satz entsteht, wenn man ihn in einem wahren Allsatz an die Stelle der quantifizierten Variablen setzt. Prädikate sind keine Namen; sie sind //28// nur das, was zusammen mit einem Gegenstandsausdruck eine Prädizierung ergibt.

Wenn ich bestreite, dass Prädikate Namen sind, dann brauche ich nicht zu bestreiten, dass es so etwas wie Eigenschaften gibt. Das ist eine Frage für sich. Wir können Eigenschaften einführen, indem wir sie zu der Menge der Gegenstände rechnen, die Werte unserer quantifizierten Variablen sind. Wir können ihnen auch Namen geben, wenn wir mit Namen arbeiten wollen; aber diese Namen sind dann keine Prädikate. Es sind Gegenstandsausdrücke, die man für Variablen einsetzen kann, abstrakte Gegenstandsausdrücke wie ›Röte‹ oder ›das Spazierengehen‹, nicht Prädikate wie ›ist rot‹ oder ›geht spazieren‹.

Manche Leute benützen sogenannte Prädikatvariablen an den Stellen, an denen Prädikate stehen können, sowie in Quantoren; sie schreiben Ausdrücke hin wie ›$\exists F\, Fx$‹. Diese Variablen nehmen Eigenschaften als Werte an; die Konstanten, die man für die Variablen einsetzen kann, sind, so sagt man uns, Prädikate, so dass die Prädikate zusätzlich als Namen von Eigenschaften fungieren. Daran befriedigt mich nicht, dass Fragen der Existenz und des Etwas-Existierendes-Bezeichnens mangels klarer Unterscheidungen zu oberflächlich behandelt werden. Prädikate braucht man in allen Sätzen, unabhängig davon, ob es Eigenschaften gibt, die von ihnen bezeichnet werden sollen; und ›F‹ als Leerstelle für ein Prädikat braucht man jedenfalls zu Darstellungszwecken, ohne dass man es damit als quantifizierbare Variable verstehen möchte, die Eigenschaften als Werte annimmt. Wenn man über Eigenschaften reden und quantifizieren möchte, dann sollte man um der Klarheit willen dafür besondere Variablen und Namen verwenden, die nicht mit den Prädikaten zu verwechseln sind.

2.9 Das Kriterium für das Lexikon

Ich habe schon zweimal betont, dass der Unterschied zwischen dem Lexikon und den Partikeln nicht der zwischen Namen und anderen Wörtern ist. Sehen wir nun zu, worin er eigentlich besteht. Wie entscheiden wir, welche Wörter in Kategorien und damit ins Lexikon und welche als Partikeln in die Bildungsregeln kommen sollen? Betrachten wir in unserer logischen Grammatik den negativen Satz ›~ (x geht spazieren)‹. Ich habe ›x‹ und ›geht spazieren‹ zum Lexikon gerechnet und ›~‹ als bloße Partikel in eine Bildungsregel einbezogen. Der ganze Satz entsteht durch Negation aus dem Satz ›x

geht spazieren‹, dieser durch Prädizierung aus den Lexikonwörtern ›*x*‹ und ›geht spazieren‹. Warum betrachten wir ›geht spazieren‹ nicht wie ›~‹ als Partikel? Das würde bedeuten, dass es keine allgemeine Prädizierung mehr gäbe, sondern eine Spazierengeh-Bildung neben der Negationsbildung. Dann entstünde ›*x* geht spazieren‹ aus dem einzelnen Lexikonwort ›*x*‹ durch die Spazierengeh-Bildung und ›~ (*x* geht spazieren)‹ aus ›*x* geht spazieren‹ durch die Negationsbildung. Warum eigentlich nicht? Oder andersherum: warum betrachten wir ›~‹ nicht als Lexikonwort wie ›*x*‹ und ›geht spazieren‹? Das würde heißen, es gibt eine Bildungsregel, //29// nach der man aus dem Lexikonwort ›~‹ und einem Satz wie ›*x* geht spazieren‹ einen Satz ›~ (*x* geht spazieren)‹ bilden kann. Oder es gäbe eine Bildungsregel, nach der man aus drei Lexikonwörtern, ›~‹, ›*x*‹ und ›geht spazieren‹, direkt den Satz ›~ (*x* geht spazieren)‹ bilden kann.

Die Entscheidung zwischen diesen Möglichkeiten hängt von Betrachtungen folgender Art ab. Durch Wiederholung von Bildungsschritten kann man weitere zusammengesetzte Ausdrücke *ad infinitum* bilden; die Kategorien müssen unbeschränkt erweiterungsfähig sein. Ein Grund dafür, dass man ein Wort zum Lexikon rechnet, ist nun der, dass es zu einer jener umfangreichen Kategorien gehört, indem es mit deren übrigen Mitgliedern austauschbar *salva congruitate* ist.

Was ist nun mit den Wörtern, die nicht in eine dieser großen Kategorien gehören? Jedes von ihnen bildet so ziemlich eine eigene Klasse; nur wenige sind mit ihm austauschbar *salva congruitate*. Statt nun eine Bildungsregel aufzuführen, die auf dieses eine Wort und vielleicht noch ein paar mit ihm austauschbare anwendbar ist, rechnen wir einfach das Wort zur Bildungsregel selbst und machen es damit zur Partikel.

Betrachten wir zunächst die drei Variablen ›*x*‹, ›*y*‹, ›*z*‹. Sie gehören zum Lexikon, denn die – unendlich vielen – Variablen bilden eine Kategorie. Kämen wir mit diesen drei Variablen aus, dann könnten wir aufhören, sie als eine Kategorie zu betrachten, und sie von Teilen des Lexikon zu Partikeln degradieren. Statt der Bildungsregel für die einstellige Prädizierung hätten wir dann drei Bildungsregeln: die Anfügung von ›*x*‹, von ›*y*‹ und von ›*z*‹. Statt der Bildungsregel für die zweistellige Prädizierung hätten wir neun Bildungsregeln: die Anfügung von ›*xx*‹, von ›*xy*‹, ..., und von ›*zz*‹. Statt der Existenzquantifikation hätten wir drei Bildungsregeln: die Voranstellung von ›∃*x*‹, von ›∃*y*‹ und von ›∃*z*‹ als Präfix.

Ich habe nicht gesagt, welche Prädikate in der Sprache vorhanden sein sollen – ob ›geht spazieren‹, ›ist rot‹, ›ist schwerer als‹, ›ist teilbar durch‹ usw., denn das ist für die logische Struktur der Sprache unwesentlich. Diese wohlbedachte Unbestimmtheit – nicht Unendlichkeit – ist der Hauptgrund dafür, dass man die Prädikate als Lexikonwörter und nicht als Partikeln nimmt. Man beachte, dass wir keine Bildungsregel für Prädikate haben. Die Liste der Prädikate ist endlich und festgelegt, nur verschieden für die verschiedenen Sprachen der betrachteten Art. Bei jeder solchen Sprache, bei der eine feste Liste von Prädikaten vorliegt, könnten wir diese zu Partikeln machen und für jedes eine Bildungsregel aufstellen – so wie wir es oben für ›geht spazieren‹ erwogen haben. //30//

Die Offenheit der Menge der Prädikate ist nicht der einzige Grund dafür, sie zum Lexikon zu rechnen. Man möchte sich auch die Möglichkeit einer Prädikat-Bildungsregel offen halten, mit der man unendlich viele zusammengesetzte Prädikate erzeugen könnte.

Es lohnt sich, darauf hinzuweisen, dass man mit Prädikat-Bildungsregeln sogar die Quantifikation und die Variablen überflüssig machen kann. Mit einem halben Dutzend Prädikat-Bildungsregeln kann man auf Variablen und Quantoren völlig verzichten. Eine ist die Negation von Prädikaten, eine ist die Umwandlung vom Aktiv ins Passiv, die aus dem zweistelligen Prädikat ›liebt‹ ›wird geliebt von‹ macht; dazu vier weitere.[6] Aber das wäre doch eine extreme Abweichung von der üblichen logischen Grammatik.

2.10 Zeit, Ereignisse und Adverbien

Unsere logische Standardgrammatik unterscheidet überhaupt keine *Zeiten* (Tempora), die doch in den europäischen Sprachen eine so große Rolle spielen. Die logische Grammatik fährt wie die moderne Physik am besten, wenn sie die Zeit als eine Dimensionskoordinate behandelt wie die Raumdimensionen, d.h. wenn sie das Datum einfach als ein weiteres Bestimmungsstück neben dem Ort behandelt. Dann kann man die Verben als zeitlos behandeln. Zeitprädikate wie das zweistellige Prädikat ›ist früher als‹ gehören ins Lexikon genau wie Orts-, Farb- oder sonstige Prädikate. Wenn wir in einem Satz mit zeitlosen Verben Zeitverhältnisse ausdrücken wollen, dann tun wir das mit besonderen Ausdrücken, ebenso wie wir räumliche Verhältnisse oder Farben ausdrücken.

Ein Körper wird so ein für allemal als ein vierdimensionales Ganzes dargestellt, das sich nach Norden und Süden, Osten und Westen, oben und unten und in die Vergangenheit und Zukunft erstreckt. Ein schrumpfender Körper läuft in die Zukunft spitz zu, ein wachsender in die Vergangenheit.

Einen *physikalischen Gegenstand* stellen wir uns allgemein etwas großzügig als den gesamten vierdimensionalen materiellen Inhalt – wie zerstückelt und verschiedenartig er auch sei – eines bestimmten Teils der Raum-Zeit vor. Hängt nun ein solcher physikalischer Gegenstand in sich verhältnismäßig fest zusammen, während er mit seiner raumzeitlichen Umgebung wesentlich schwächer und unregelmäßiger zusammenhängt, so nennen wir ihn einen Körper. Andere physikalische Gegenstände werden sich besser als Prozesse, Vorgänge oder Ereignisse beschreiben lassen. Wieder andere haben keinen besonderen Namen.

Diese vierdimensionale Betrachtungsweise ist in der relativistischen Physik von Nutzen; sie vereinfacht auch die Grammatik, indem sie die Zeiten des Verbums überflüssig macht; aber das ist noch nicht ihre ganze Bedeutung für die Logik. //31//Ohne sie wäre es sehr umständlich, ein Prädikat auf einen nicht mehr vorhandenen Gegenstand anzuwenden, oder über Gegenstände zu quantifizieren, die niemals gleichzeitig vorhanden waren, oder sie zu Mengen zusammenzufassen.

Ich habe darauf hingewiesen, wie viele Möglichkeiten in unserer kargen kleinen Standardgrammatik stecken. Dass sie keine Zeiten des Verbums, ja nicht einmal Namen und zusammengesetzte Gegenstandsausdrücke kennt, verringert keineswegs ihre Brauchbarkeit. Ich kann aber nicht behaupten, dass sie für alle Zwecke wissenschaftlicher Darstellung brauchbar ist: dass man alles in einer Sprache sagen kann, die nur aus diesen Bildungsregeln und Variablen und einem endlichen Lexikon von Prädikaten besteht.

Da gibt es etwa die von Davidson aufgeworfene Frage der Adverbien. Wenn alle Prädikate einfach sein sollen, dann gibt es keine Möglichkeit für adverbiale Bestimmungen, die zu neuen Prädikaten führen. Wir könnten uns also veranlasst sehen, unsere Grammatik durch Prädikat-Bildungsregeln zu erweitern, mit denen man unendlich viele zusammengesetzte Prädikate bilden kann. Auf diese Weise könnte man eine feste endliche Liste von Adverbien in die Sprache einbeziehen, indem jedes eine Partikel in einer Prädikat-

Bildungsregel wird. Aber wir brauchen mehr: offenbar muss man auch unendlich viele und unbegrenzt komplexe Adverbien oder adverbiale Ausdrücke bilden können. Also müssen wir eine grammatische Kategorie des Adverbs einführen, dazu Bildungsregeln für die Verbindung eines Prädikats mit einem Adverb. Das schiene eine echte und nicht bloß stilistische Erweiterung unserer logischen Standardgrammatik zu sein.

Oder können wir das alles auch anders erreichen? Vielleicht kann man dem Lexikon einige geschickt konstruierte neue Prädikate anfügen und dem Wertebereich der quantifizierten Variablen ganz bestimmte nützliche neue Gegenstände, um das, was die Adverbien bringen, im Rahmen unserer Standardgrammatik zu formulieren. Davidson hat sich mit dieser Frage beschäftigt und schlägt die Erweiterung des Bereichs der Gegenstände um die *Ereignisse* vor. Für ›x geht schnell (zu irgendeiner Zeit)‹ schreibt er so etwas wie ›$\exists y$ (y ist ein Gehen von x . y ist schnell)‹. Das problematische Adverb ›schnell‹ ist hier dem unproblematischen Prädikat ›ist schnell‹ gewichen. Das einstellige Prädikat ›geht‹, oder besser das zweistellige Prädikat ›geht zu der und der Zeit‹ ist ersetzt durch ein anderes zweistelliges Prädikat, das das Ereignis des Gehens mit dem Geher zusammenbringt. Die interessanten Werte von ›y‹ sind Ereignisse.

Es ist aber noch nicht klar, ob wir hier mit Ereignissen in dem schwachen und unproblematischen Sinne auskommen, wie er am Anfang dieses Abschnitts im Zusammenhang mit den physikalischen Gegenständen eingeführt wurde. Dann haben nämlich keine zwei Ereignisse dieselben raumzeitlichen Grenzen. Wenn wir die Ereignisse anders verstehen wollen, dann stehen wir vor dem Problem, wie wir einzelne Ereignisse unterscheiden können. //32// Und in Kapitel 1 haben wir die Propositionen fallen lassen, weil wir nicht wussten, wie wir einzelne Propositionen unterscheiden sollten.

2.11 Einstellungen und Modalität

Wie auch dieses interessante Abenteuer ausgehen mag, es gibt noch andere Probleme für die Angemessenheit unserer Standardgrammatik. Wir müssen irgendwie mit den widerspenstigen Ausdrücken für *Einstellungen gegenüber Aussagen* fertig werden – ›denkt, dass‹, ›glaubt, dass‹, ›wünscht, dass‹, ›bemüht sich darum, dass‹ usw. Durch diese werden Sätze Bestandteile von Bildungsschritten, die von den Wahrheitsfunktionen und der Quantifikation verschieden sind.

Man kann diese Dinge auf verschiedene Weise in die Logik einbauen. Einmal kann man eine Bildungsregel einführen, nach der aus einem Satz durch Voranstellen von ›dass‹ ein Name wird. Damit hätte man die Namen als grammatische Kategorie wieder eingeführt. Und dann erhebt sich das Problem, was für Dinge von diesen ›dass‹-Ausdrücken bezeichnet werden; am Ende die Propositionen, von denen wir uns in Kapitel 1 gar kein klares Bild machen konnten? Ferner muss anscheinend die Kategorie der zweistelligen Prädikate in zwei Kategorien aufgeteilt werden, denn einige zweistellige Prädikate (›denkt‹, ›glaubt‹, ›wünscht‹, ›bemüht sich‹) sind auf ›dass‹-Ausdrücke anwendbar, andere (›isst‹, ›> ‹) nicht. Das lässt sich aber auch so in Ordnung bringen, dass man Sätze von der Form ›*x* isst dass *p*‹ und ›*x* > dass *p*‹ als trivialerweise falsch und nicht als sinnlos ansieht. Das ist übrigens ein Beispiel dafür, wie sich die Grammatik vereinfacht, wenn der Begriff der grammatischen Richtigkeit weit gefasst wird; man erinnere sich an unsere Bemerkungen im Zusammenhang mit ›Die Vierfachheit trinkt Verzögerung‹ und ›Dieser Stein denkt jetzt über Wien nach‹ weiter oben in diesem Kapitel. Wenn wir ›*x* isst dass *p*‹ als grammatisch richtig ansehen, brauchen wir statt zwei nur eine Kategorie von zweistelligen Prädikaten.

Das ist also eine Möglichkeit, eine Grammatik für die Einstellungen gegenüber Aussagen aufzustellen: man führt eine Bildungsregel ein, die aus einem Satz mittels ›dass‹ einen Gegenstandsausdruck macht. Eine naheliegende andere Möglichkeit wäre statt dessen eine Bildungsregel, die aus einem zweistelligen Prädikat und einem Satz durch Dazwischenschaltung von ›dass‹ ein einstelliges Prädikat macht. Das hat den Vorteil, dass man keine Namen von Propositionen einzuführen braucht. Die Propositionen selbst – oder was auch immer die Gegenstände der Einstellungen gegenüber Aussagen sein mögen – werden freilich nicht aus der Welt geschafft; denn wenn man ›glaubt‹ als zweistelliges Prädikat auffasst, dann lässt es immer noch ›*x* glaubt *y*‹ und ähnliches zu.

Eine dritte Möglichkeit wäre: ›glaubt, dass‹ und ähnliche Ausdrücke bilden eine neue Kategorie des Lexikons, die *Einstellungsausdrücke,* und man führt eine Bildungsregel ein, die aus einem Einstellungsausdruck wie ›glaubt, dass‹ und einem Satz, z.B. ›Darwin irrte‹, ein einstelliges Prädikat

›glaubt, dass Darwin irrte‹ macht. Danach wären ›denkt‹, ›glaubt‹ usw. //33// überhaupt keine Prädikate wie ›isst‹ oder ›>‹. Gegenstände der Einstellungen werden auch nicht mehr gebraucht. Aber man zahlt auch einen Preis: man kann nicht mehr sagen ›*x* glaubt *y*‹ und über *y* quantifizieren; man kann nicht mehr sagen, es gebe etwas, was *x* glaubt.

Neben den Einstellungsausdrücken gibt es die *Modalitäten:* ›notwendigerweise‹, ›möglicherweise‹. Auch diese führen dazu, dass Sätze als Bestandteile in Bildungsschritte eingehen, die von den Wahrheitsfunktionen und der Quantifikation verschieden sind. Um sie in die Logik einzubeziehen, müssten wir eine Notwendigkeits-Bildungsregel einführen, die aus einem Satz durch Voranstellen von ›notwendigerweise‹ einen Satz erzeugt. ›Möglicherweise‹ ist dann ausdrückbar durch ›nicht notwendigerweise nicht‹, also mit drei einstelligen Bildungsschritten und drei Partikeln.

Sowohl die Einstellungsausdrücke als auch die Modalitätsausdrücke sind logisch und philosophisch äußerst unklar, und zwar in viel gefährlicherer Weise, als in Kapitel 1 angedeutet wurde. In solchen Kontexten können Schwierigkeiten entstehen, wenn man die eine Seite einer wahren Identitätsaussage für die andere einsetzt. Der Satz

Hans glaubt, dass Tullius die *Ars Magna* schrieb

sei wahr; er kann falsch werden, wenn man für ›Tullius‹ ›Cicero‹ einsetzt, obwohl Cicero = Tullius. Damit entstehen Probleme hinsichtlich der kohärenten Verwendung einer quantifizierbaren Variablen an einer solchen Stelle:

Hans glaubt, dass *x* die *Ars Magna* schrieb.

Wenn der Wahrheitswert dieses offenen Satzes für eine Person *x* davon abhängt, welcher Name für sie benützt wird, dann kann man sich fragen, ob das überhaupt ein sinnvoller offener quantifizierbarer Satz ist.

Diese Schwierigkeit der Interpretation von offenen Sätzen und ihrer Quantifikationen trifft die Modalitätsausdrücke genauso wie die Einstellungsausdrücke gegenüber Aussagen. Wenn wir solche Ausdrücke aber nicht quantifizieren können, dann sind sie ziemlich leeres Gerede. Versuche, die Situation zu retten, führen entweder auf unklare Unterscheidungen wie zwischen wesentlichen und zufälligen Eigenschaften oder auf komplizierte Erweiterungen der Grammatik, auf die ich hier nicht näher eingehen möchte.

Ich glaube, wir sind berechtigt, zu behaupten, dass keine Formulierung irgendeines Teils der Wissenschaft endgültig ist, solange //34// Einstellungs- und Modalitätsausdrücke verwendet werden. Diese Behauptung ist schwächer als die Behauptung, unsere logische Standardgrammatik reiche für die Wissenschaftssprache aus. Das, was die Modalitäten leisten, lässt sich wahrscheinlich auch mit bereits bekannten klareren Mitteln erreichen; aber die Einstellungsausdrücke werden in Fällen verwendet, in denen sie nicht so leicht ersetzbar sind. Wir müssen auf jeden Fall klarere Konstruktionen suchen, die diesen Zwecken angemessen sind, aber wir können nicht sicher sein, dass sie sich, wenn man sie einst findet, im Rahmen der eleganten Standardgrammatik halten werden. //35//

3. WAHRHEIT

3.1 Wahrheit und Erfüllung

Die Logiker und die Grammatiker haben gemeinsam, dass sie ständig über Sätze reden, aber, wie wir sahen, auf verschiedene Weise. Der Logiker spricht über Sätze nur, um in einer Dimension zu verallgemeinern, die er nicht durch Quantifikation über Gegenstände erfassen kann. Das Wahrheitsprädikat vermittelt ihm den Kontakt mit der Welt, auf die sich sein Trachten richtet.

Zwischen Logikern und Grammatikern gibt es aber noch eine engere Verbindung als die, dass sich beide mit Sätzen beschäftigen. Nehmen wir insbesondere die künstliche Grammatik aus Kapitel 2, die für die Logik aufgestellt wurde. Ihre Bedeutung für die Logik liegt darin, dass die Logik die Wahrheitsbedingungen der Sätze in Abhängigkeit von ihrer grammatischen Form betrachtet. Die Logik verfolgt die Wahrheit in die Verästelungen der Grammatik hinein.

Die Logik der Wahrheitsfunktionen betrachtet die Wahrheit insbesondere in Abhängigkeit von zwei Bildungsschritten, der Negation und der Konjunktion, wobei sich der Wahrheitswert des zusammengesetzten Ausdrucks aus den Wahrheitswerten der Bestandteile ergibt. Alle Wahrheitsfunktionen lassen sich durch mehrmalige Anwendung der Bildungsschritte auf diese Form bringen.

Wenn die Logik die Wahrheitsbedingungen in Abhängigkeit von der grammatischen Form betrachtet, und wenn die Wahrheitsfunktionen zu den grammatischen Bildungsschritten gehören, dann ist die wahrheitsfunktionale Logik gesichert. Und umgekehrt, wenn die Logik hauptsächlich die Wahrheitsbedingungen in Abhängigkeit von der grammatischen Form betrachtet, dann muss eine von den Logikern konstruierte künstliche Grammatik den Wahrheitsfunktionen einen wichtigen Platz unter den Bildungsregeln einräumen. Die Grammatik, die wir Logiker so absichtsvoll Standardgrammatik nennen, hat den einzigen Zweck, //36// die Analyse der

Wahrheitsbedingungen zu erleichtern, und das ist ein sehr vernünftiger Zweck.

Wir haben eine Standardgrammatik gewählt, in der die einfachen Sätze durch Prädizierung gewonnen werden und aus ihnen alle weiteren Sätze durch Negation, Konjunktion und Existenzquantifikation. In dieser Grammatik besteht die Prädizierung immer in der Verbindung eines Prädikats mit einer Variablen und nicht mit einem Namen. Damit sind alle einfachen Sätze *offene* Sätze wie ›x geht spazieren‹ oder ›$x > y$‹; sie enthalten freie Variablen. Daher sind sie weder wahr noch falsch: sie werden nur von bestimmten Gegenständen bzw. Paaren von Gegenständen, Tripeln usw. erfüllt. Der offene Satz ›x geht spazieren‹ wird von jedem Spaziergänger und von nichts anderem erfüllt. Der offene Satz ›$x > y$‹ wird von jedem fallenden Zahlenpaar und keinem anderen Paar erfüllt.

Damit stößt die logische Analyse der Wahrheitsbedingungen gleich am Fuße des Baumes auf eine Schwierigkeit. Die logisch interessante Eigenschaft der Negation ist nicht einfach, dass sie aus wahren geschlossenen Sätzen falsche macht und umgekehrt. Wir müssen hinzufügen, dass die Negation eines offenen Satzes mit einer Variablen gerade von den Gegenständen erfüllt wird, von denen der ursprüngliche Satz nicht erfüllt wurde; dass die Negation eines offenen Satzes mit zwei Variablen gerade von den Paaren erfüllt wird, von denen der ursprüngliche Satz nicht erfüllt wurde; usw.

Ich habe von Paaren gesprochen. Wir brauchen *geordnete* Paare, d.h. wir müssen die Paare $\langle x, y \rangle$ und $\langle y, x \rangle$ unterscheiden, solange $x \neq y$. Denn das Paar $\langle 3, 5 \rangle$ erfüllt ›$x < y$‹, das Paar $\langle 5, 3 \rangle$ nicht. Für geordnete Paare gilt das Gesetz: wenn $\langle x, y \rangle = \langle z, w \rangle$, dann $x = z$ und $y = w$. Weitere Eigenschaften des geordneten Paares sind ohne Bedeutung. Wenn man entscheiden will, welche Gegenstände geordnete Paare sein sollen, dann kann man das ganz beliebig tun, solange nur das genannte Gesetz erfüllt ist. Wir können also die Menge $\{x, 1\}$ bilden, deren Elemente x und die Zahl 1 sind, und auch die Menge $\{y, 2\}$ bilden, und dann können wir $\langle x, y \rangle$ als die Menge definieren, deren Elemente diese beiden Mengen sind. Es entsteht aber Verwirrung, wenn wir diese Methode auf Tripel $\langle x, y, z \rangle$ von Zahlen ausweiten; wir erhalten $\langle 3, 1, 2 \rangle = \langle 2, 3, 1 \rangle$. Deshalb sollten wir nicht mit $\{x, 1\}$ beginnen, sondern mit $\{\{x\}, 1\}$, wobei $\{x\}$ die Menge ist, deren einziges Element x ist; denn auch wenn x eine Zahl ist, ist es $\{x\}$ vermutlich nicht. Folglich sei $\langle x, y \rangle$ definiert als die Menge, deren einzige Elemente $\{\{x\}, 1\}$ und $\{\{y\}, 2\}$ sind.

Wenn wir geordnete Paare so definieren, dann heißt das nicht, dass in der betrachteten Standardsprache – der *Objektsprache* – die Variablen auch Mengen oder geordnete Paare in irgendeinem Sinne als Werte annehmen könnten. Wir brauchen die geordneten Paare nur in der *Metasprache* – der nichtformalisierten Umgangssprache, in der ich die Objektsprache beschreibe und diskutiere. Wenn //37// ich sage, das Paar $\langle 3, 5 \rangle$ erfülle den Satz ›$x < y$‹, dann nehme ich vorläufig an, dass der Satz ›$x < y$‹ zur Objektsprache gehört und dass die Zahlen 3 und 5 zum Gegenstandsbereich der Objektsprache gehören; ich brauche aber nicht anzunehmen, dass das Paar $\langle 3, 5 \rangle$ zum Gegenstandsbereich der Objektsprache gehört. Es gehört zu der Sprache, in der ich die Objektsprache untersuche, und das genügt.

Für die Erfüllung offener Sätze mit drei freien Variablen brauchen wir geordnete Tripel $\langle x, y, z \rangle$; und so weiter aufwärts. Wir können $\langle x, y, z \rangle$ als die Menge definieren, deren drei Elemente $\{\{x\}, 1\}$, $\{\{y\}, 2\}$ und $\{\{z\}, 3\}$ sind. Entsprechend bei $\langle x, y, z, w \rangle$ usw. An der Spitze der Liste steht außerdem die *Einermenge* $\langle x \rangle$ als die Menge, deren einziges Element $\{\{x\}, 1\}$ ist. Dieser Entwurf vermeidet Verwirrung, wenn keine Zahl als einelementige Menge angesehen wird. Tatsächlich wird oft 1 als $\{0\}$ angesehen; aber man kann zeigen, dass diese einzelne Ausnahme dennoch zu keiner Verwirrung führt.

Eine einfachere Darstellung von $\langle x, y \rangle$, die weithin gebräuchlich ist, ist $\{\{x\}, \{x, y\}\}$. Längere n-tupel (sequences) können durch Wiederholung definiert werden: $\langle x, y, z \rangle$ als $\langle \langle x, y \rangle, z \rangle$, dann $\langle x, y, z, w \rangle$ als $\langle \langle x, y \rangle, z, w \rangle$, usw. David Miller hat mir aber gezeigt, dass diese Methode zu Mehrdeutigkeiten der Länge führt, wenn wir n-tupel von verschiedener Länge in denselben Kontexten zulassen, wie ich es machen werde.

3.2 Erfüllung durch n-tupel

Wir wollen Einermengen, Paare, Tripel usw. insgesamt *geordnete n-tupel (sequences)* nennen. Wir können dann die Erfüllung von Sätzen kürzer und allgemeiner ausdrücken, weil wir uns ersparen, jede verschiedene Anzahl von Variablen getrennt zu betrachten. Wir sagen, ein n-tupel erfülle einen Satz, wenn dieser wahr wird, wenn man das erste Element des n-tupels als

Wert der Variablen ›x‹ nimmt, das zweite als Wert der Variablen ›y‹, usw. Die Variablen sollen in alphabetischer Reihenfolge stehen: ›x‹, ›y‹, ›z‹, ›x'‹, usw.

Nehmen wir den offenen Satz ›x eroberte y‹. (Um unsere logische Grammatik nicht durch Zeitformen zu verkomplizieren, sollten wir als Bedeutung des Prädikats ›eroberte‹ genau genommen ›erobert(e) zu irgendeiner Zeit‹ verstehen.) Dieser offene Satz wird von dem Paar ⟨Cäsar, Gallien⟩ erfüllt, denn ›x‹ und ›y‹ sind die erste und die zweite Variable des Alphabets, Cäsar und Gallien sind das erste und das zweite Element des Paares, und Cäsar eroberte Gallien.

Diese Formulierung erlaubt, dass das n-tupel mehr Elemente hat als der Satz Variablen. Die Elemente, denen keine Variable entspricht, sind dann einfach wirkungslos. Beispiel: der Satz ›x eroberte y‹ wird von dem n-tupel ⟨Cäsar, Gallien, a⟩ für jedes a erfüllt; nur die ersten zwei Elemente des n-tupels sind für ›x eroberte y‹ relevant. //38//

Zu dieser Vereinbarung passt selbstverständlich außerdem, einen Satz einfach *wahr* zu nennen, wenn er wahr für alle Werte seiner freien Variablen ist und folglich von allen n-tupeln erfüllt wird. Demgemäß gilt ›$x = x$‹ als wahr. Diese Vereinbarung spart uns im Folgenden einige umständliche Formulierungen. Und wir nennen einen Satz *falsch,* wenn er für alle Werte seiner Variablen falsch ist.

Eine technische Schwierigkeit ergibt sich, wenn ein n-tupel weniger Elemente enthält als der Satz Variablen. Die bequemste Festsetzung ist diese: wenn ein n-tupel weniger als i Stellen hat, definiere man sein i-tes Element als identisch mit seinem letzten Element – als ob es immer wieder wiederholt würde.[7] So wird etwa der Satz ›$x \leqq y$‹ durch das n-tupel ⟨1⟩ erfüllt, das heißt einfach durch 1; denn er wird durch ⟨1, 1⟩ erfüllt. Mit Blick auf den vorletzten Absatz kann man ergänzen, dass er von ⟨1, 1, y⟩ für jede Wahl eines y erfüllt wird.

Die Armut unserer Standardgrammatik, in der es nicht einmal Namen und Funktoren gibt, ist bequem, wenn man die Sprache nicht verwendet, sondern über sie spricht. Für den Gebrauch sind Namen und Funktoren bequem. Nur die Objektsprache ist so arm, über deren Sätze ›x geht spazieren‹, ›$x < y$‹, ›x eroberte y‹ usw. ich spreche. Indem ich über diese einfachen Sätze spreche und darüber, welche n-tupel sie erfüllen, gebrauche ich ohne Einschränkung unsere günstigerweise weniger arme Umgangssprache; ich gebrauche daher Namen wie ›Cäsar‹ und ›Gallien‹ und zusammengesetzte Gegenstandsausdrücke wie ›⟨Cäsar, Gallien⟩‹.

Doch nicht alle Sätze der Objektsprache haben freie Variablen. Die einfachen Sätze haben welche; geschlossene einfache Sätze wie ›Cäsar eroberte Gallien‹ stehen nicht zur Verfügung. Aber es gibt zusammengesetzte geschlossene Sätze wie ›$\exists x\ \exists y$ (x eroberte y)‹. So kann man fragen, welche n-tupel einen geschlossenen Satz erfüllen sollen; und die Antwort fällt nicht schwer. Genauso wie außer dem ersten und zweiten alle anderen Elemente in einem n-tupel irrelevant sind für ›x eroberte y‹, sind alle Elemente in einem n-tupel irrelevant für einen Satz, der keine freien Variablen enthält. Damit wird ein geschlossener Satz von jedem oder von keinem n-tupel erfüllt, einfach je nachdem, ob er wahr oder falsch ist.

Diese letzte Aussage gilt dank der Vereinbarung, die wir auf der vorhergehenden Seite übernommen haben, nun für offene Sätze genauso wie für geschlossene. Jedes n-tupel erfüllt jeden wahren und keinen falschen Satz. So können wir die *Wahrheit* leicht mit Hilfe der Erfüllung definieren: *Erfüllung durch alle n-tupel.* Die Arbeit steckt also in dem Begriff der Erfüllung.

Diese Arbeit, der wir uns jetzt zuwenden, wurde bis auf geringe Einzelheiten von Tarski geleistet. Sie wird erleichtert durch unsere Einführung der n-tupel //39// und der damit verbundenen Vereinbarungen. Kehren wir zu den Wahrheitsfunktionen zurück, so können wir ein für alle Mal sagen: Ein n-tupel erfüllt die Negation eines gegebenen Satzes genau dann, wenn es den gegebenen Satz nicht erfüllt. Ähnlich gilt: Ein n-tupel erfüllt eine Konjunktion genau dann, wenn es jedes ihrer beiden Glieder erfüllt. Das gilt unabhängig davon, wieviele Elemente das n-tupel hat und ob und wieviele freie Variablen die Sätze haben.

Die Berufung auf die alphabetische Reihenfolge der Variablen scheint etwas Künstliches und Willkürliches zu haben. Sie schafft einen anscheinend unnötigen Unterschied zwischen den offenen Sätzen ›x eroberte y‹ und ›y eroberte z‹; ⟨Cäsar, Gallien⟩ erfüllt den ersten, aber nicht den zweiten. Sollte man vielleicht besser die Reihenfolge des Auftretens der Variablen in dem Satz maßgebend machen und nicht die alphabetische Reihenfolge? Dann würde ⟨Cäsar, Gallien⟩ sowohl ›x eroberte y‹ als auch ›y eroberte z‹ erfüllen.

Die Konjunktion ist für die Antwort auf diese Frage relevant. Nach der alphabetischen Festsetzung erfüllt ⟨Cäsar, Gallien, Brutus⟩ sowohl ›x eroberte y‹ als auch ›z tötete x‹ und daher auch ihre Konjunktion ›x eroberte y . z tötete x‹; damit ist alles in Ordnung. Im anderen Falle würde ⟨Cäsar,

Gallien⟩ ›*x* eroberte *y*‹ erfüllen, und ⟨Brutus, Cäsar⟩ würde ›*z* tötete *x*‹ erfüllen; und nur eine ziemlich komplizierte Konjunktionsregel könnte uns von diesen Daten zu dem gewünschten Ergebnis führen, dass ⟨Cäsar, Gallien, Brutus⟩ ›*x* eroberte *y* . *z* tötete *x*‹ erfüllt. Die alphabetische Ordnung hilft also, den Variablen in verschiedenen Konjunktionsgliedern Werte zuzuordnen. Im Übrigen ist der Unterschied zwischen ›*x* eroberte *y*‹ und ›*y* eroberte *z*‹ nicht unnötig: in Verbindung mit einem weiteren Satz wie ›*z* tötete *x*‹ sind sie keineswegs gleichwertig.

Wir konnten die Bedingung für die Erfüllung der Negation und der Konjunktion in Abhängigkeit von der Erfüllung ihrer Bestandteile bündig formulieren. Die Negation wird von genau den n-tupeln erfüllt, die den ursprünglichen Satz nicht erfüllen, und die Konjunktion wird von genau den n-tupeln erfüllt, die ihre beiden Bestandteile erfüllen. Was ist nun mit der verbleibenden Bildungsregel, der Existenzquantifikation? Eine Existenzquantifikation besteht aus einem Satz, dem ein Existenzquantor für, sagen wir, die *i*-te Variable des Alphabets vorangestellt ist. Diese Quantifikation wird dann und nur dann von einem gegebenen n-tupel erfüllt, wenn der zugrunde liegende Satz von einem n-tupel erfüllt wird, das mit dem gegebenen n-tupel übereinstimmt oder von ihm nur in seinem *i*-ten Element abweicht.

Als Beispiel nehme man ›∃*y* (*x* eroberte *y*)‹. Dieser Satz wird von einem gegebenen n-tupel genau dann erfüllt, wenn ›*x* eroberte *y*‹ von einem n-tupel erfüllt wird, das mit dem betreffenden jedenfalls in dem anderen Platz als dem zweiten übereinstimmt. Damit ist //40// ›∃*y* (*x* eroberte *y*)‹, wie es sein soll, für jedes n-tupel wahr, dessen erstes Element Cäsar ist; wir kommen zu diesem Ergebnis, weil ›*x* eroberte *y*‹ von jedem n-tupel erfüllt wird, dessen erstes Element Cäsar und dessen zweites Element Gallien ist.

Man beachte, wie sich hier unsere Festsetzung für zu lange n-tupel auswirkt. › ∃*y* (*x* eroberte *y*)‹ wird von Cäsar erfüllt, also von ⟨Cäsar⟩, sowie von jeder Verlängerung von ⟨Cäsar⟩; und ›*x* eroberte *y*‹ wird von jeder Verlängerung von ⟨Cäsar, Gallien⟩ erfüllt.

3.3 Tarskis Definition der Wahrheit

Ein Ausdruck wird dadurch recht gut erklärt, dass man angibt, unter welchen Bedingungen die Sätze, in denen er vorkommt, wahr sind. Daher wird man vielleicht die obigen Erfüllungsbedingungen als gute Erklärungen der Negation, Konjunktion und Existenzquantifikation ansehen. Diese Anschauung ist freilich unhaltbar; sie würde auf einen Circulus vitiosus hinauslaufen. Die angegebenen Erfüllungsbedingungen für die Negation, Konjunktion und Quantifikation setzen voraus, dass man gerade die Zeichen, die sie erklären sollen, versteht, oder andere, mit denen sich dasselbe ausdrükken lässt. Die Negation wird ja so erklärt: sie wird von einem n-tupel dann erfüllt, wenn der unnegierte Satz von ihm *nicht* erfüllt wird; die Konjunktion wird von einem n-tupel erfüllt, wenn der eine *und* der andere ihrer Bestandteile von ihm erfüllt wird; und ein Existenzsatz wird von einem n-tupel erfüllt, wenn der ihm zugrunde liegende Satz von *einem* n-tupel passender Art erfüllt wird. Wenn wir nun ›nicht‹, ›und‹ und ›ein‹ zur Erklärung der Negation, der Konjunktion und der Existenzquantifikation benützen, warum nehmen wir diese Wörter dann nicht gleich direkt als Übersetzungen dieser Symbole?

Tarski, von dem die drei Erfüllungsbedingungen stammen, sah ihren Zweck ganz anders; er wollte damit nicht die Negation, Konjunktion und Quantifikation erklären, was ja gar nicht möglich ist, sondern sie sollten zur Definition der Erfüllung und damit indirekt der Wahrheit beitragen. Fangen wir noch einmal an und definieren wir die Erfüllung für die einfachen Sätze, die Prädizierungen. Wir haben da für jedes Prädikat der Objektsprache eine Definition folgender Art.

Der Satz aus ›geht spazieren‹ und der *i*-ten Variablen in der alphabetischen Reihenfolge wird von einem n-tupel genau dann erfüllt, wenn das *i*-te Element des n-tupels spazierengeht.

Der Satz aus ›eroberte‹ und der *i*-ten und *j*-ten Variablen in der alphabetischen Reihenfolge wird von einem n-tupel genau dann erfüllt, wenn dessen *i*-tes Element das *j*-te Element eroberte.

Entsprechend für jedes weitere Prädikat aus der endlichen Liste. So erfährt man für jede Prädizierung der Objektsprache, was es bedeutet, sie werde von einem bestimmten //41// n-tupel von Gegenständen erfüllt. Das erfährt man natürlich nur, soweit man die Prädikate selbst bereits versteht;

denn man beachte, wie ›geht spazieren‹ und ›eroberte‹ in den erklärenden Teilen der obigen zwei Absätze wiederverwendet wurden.

Die Sätze können nach ihrer Komplexität geordnet werden. Prädizierungen haben die Komplexität 0; Negationen und Existenzquantifikationen von Sätzen der Komplexität n haben die Komplexität $n+1$; Konjunktionen haben die Komplexität $n+1$, wenn einer ihrer Teilsätze die Komplexität n und der andere höchstens die Komplexität n hat. Wir haben also erfahren, was es heißt, dass ein n-tupel einen Satz der Komplexität 0 erfüllt. Aber dann sagen uns die Erfüllungsbedingungen der Negation, Konjunktion und Existenzquantifikation, was es bedeutet, dass ein n-tupel einen Satz der nächsthöheren Komplexität erfüllt, wenn man erst einmal weiß, was es heißt, dass ein n-tupel einen Satz einer gegebenen Komplexität erfüllt. So kann man Schritt für Schritt angeben, was es bedeutet, dass ein n-tupel einen Satz von beliebig hoher Komplexität erfüllt. Die Komplexität n, für jedes n, benötigt n solche Schritte.

So erhält man für alle Sätze der Objektsprache eine *rekursive* oder *induktive* Definition der Erfüllung. Sie geht von den einfachen Fällen aus und erklärt Schritt für Schritt für die zusammengesetzten Sätze die Umstände, unter denen man sagen soll, dass ein n-tupel einen Satz erfüllt. Formulieren wir diese Definition noch einmal schematisch. Wir nennen die i-te Variable in der alphabetischen Ordnung var(i), das i-te Element eines n-tupels x nennen wir x_i. ›*A*‹ sei ein einstelliges Prädikat der Objektsprache. Dann beginnt die induktive Definition der Erfüllung folgendermaßen:

(1) Für alle i und x: x erfüllt ›*A*‹, gefolgt von var(i), genau dann, wenn Ax_i.

Für jedes einstellige Prädikat des Lexikons haben wir eine derartige Bestimmung. Ähnlich haben wir für jedes zweistellige Prädikat, sagen wir, ›*B*‹:

(2) Für alle i, j und x: x erfüllt ›*B*‹, gefolgt von var(i) und var(j), genau dann, wenn Bx_ix_j.

Für jedes Prädikat des Lexikons geben wir eine solche Vorschrift. Dann schließt die rekursive Definition folgendermaßen ab:

(3) Für alle n-tupel x und Sätze y: x erfüllt die Negation von y genau dann, wenn es y nicht erfüllt. //42//

(4) Für alle n-tupel x und Sätze y und y': x erfüllt die Konjunktion von y und y' genau dann, wenn es y und y' erfüllt.

(5) Für alle x, y und i: x erfüllt die Existenzquantifikation von y, bei der var(i) quantifiziert ist, genau dann, wenn y von einem n-tupel x' erfüllt wird, für welches gilt: $x_j = x'_j$ für alle $j \neq i$.

Diese Aussagen der induktiven Definition zusammengenommen geben an, was es heißt, dass ein n-tupel einen Satz der Objektsprache erfüllt. Nebenbei ergibt sich so auch eine Definition der Wahrheit, denn diese bedeutet ja, wie früher schon bemerkt, Erfülltsein durch alle n-tupel.

Es gibt zwei Arten von Definitionen. Im günstigsten Fall können wir mit der Definition den definierten Ausdruck eliminieren, also ohne ihn auskommen. Einige Definitionen liefern dazu direkt den Ersatzausdruck. Beispiele dafür sind die Definition von ›5‹ durch ›4 + 1‹ oder die des Allquantors ›$\forall x$‹ durch ›$\sim \exists x \sim$‹. Andere Definitionen zeigen, wie man den definierten Ausdruck in allen Kontexten umschreiben kann; z.B. wird jedes Vorkommen der Partikel ›oder‹ der Adjunktion, also jeder unmittelbare Kontext ›p oder q‹, durch ›$\sim (\sim p \,.\, \sim q)$‹ erklärt. Diese Definition bietet keinen direkten Ersatz für die Partikel ›oder‹ allein, aber sie ermöglicht es, sie überall, wo sie vorkommt, zu eliminieren. Diese beiden Arten von Definitionen heißen *direkte* Definitionen und stellen die höhere Art der Definition dar.

Auf der anderen Seite gibt es Definitionen der untergeordneten Art, die keine Elimination ermöglichen, aber doch den Gebrauch des definierten Ausdrucks vollständig bestimmen. Von dieser Art ist unsere induktive Definition der Erfüllung. *Sie legt für jeden Satz fest, welche n-tupel ihn erfüllen,* aber sie zeigt nicht, wie man ›x erfüllt y‹ für variables x und y eliminieren kann.

Mit gewissen starken Hilfsmitteln der Mengenlehre können wir die Definitionen der zweiten Art in direkte Definitionen umwandeln. Wir können unter Annahme mengentheoretischer Mittel ›erfüllt‹ auf direktem und eliminierendem Wege definieren. Die Begründung dafür sieht folgendermaßen aus:

Wir können uns eine *Relation* als eine Menge von geordneten Paaren vorstellen. Die Relation der Erfüllung ist dann die Menge aller Paare $\langle x, y \rangle$, so dass x y erfüllt. Nun legt die induktive Definition (1)–(5) gerade fest, welche Paare $\langle x, y \rangle$ zu der Erfüllungsrelation gehören; man beachte nämlich den kursivierten Satz von vorhin. Wenn wir eine Variable ›z‹ hinzunehmen und in (1)–(5) anstelle von ›erfüllt‹: ›steht in der Relation z zu‹ schreiben, dann muss aufgrund der auf diese Weise veränderten Bestimmungen (1)–(5) z die Relation der Erfüllung sein. Schreiben wir für (1)–(5) in der neuen Fassung kurz ›ERz‹, dann besagt ›ERz‹ in Wirklichkeit: ›z ist die Erfüllungsrelation‹. Damit aber //43// haben wir eine direkte Definition von ›x erfüllt y‹. Wir schreiben ›x steht zu y in der Relation z‹ als ›$\langle x, y \rangle \in z$‹; dann können wir für ›$x$ erfüllt y‹ schreiben:

(6) $\exists z\,(\mathrm{ER}z \,.\, \langle x, y \rangle \in z)$.

3.4 Eine Antinomie in der Objektsprache

(6) ist eine direkte Definition der Erfüllung. Zu ihrer Formulierung sind wir über die Objektsprache hinausgegangen, für die die Erfüllungsrelation gilt. Jetzt wollen wir überlegen, ob wir die Definition auch in der Objektsprache formulieren können. Wenn wir das mengentheoretische Prädikat ›$\in$‹ (›ist Element von‹) zum Lexikon der Objektsprache rechnen, dann gehört alles in (6) außer dem schwierigen Ausdruck ›ERz‹ zur Objektsprache. Auch der zusammengesetzte Ausdruck ›$\langle x, y \rangle$‹ lässt sich mit Hilfe von Kontextdefinitionen eliminieren, mit denen ich mich nicht aufhalte. (6) lässt sich allein mit ›$\in$‹, Variablen, Wahrheitsfunktionen, dem Quantor *und* ›ERz‹ schreiben. Die notwendigen Schritte lassen sich aus logischen und mengentheoretischen Lehrbüchern entnehmen.

Was ist nun mit ›ERz‹? Es erfordert dieselben sprachlichen Mittel wie (1)–(5) ohne ›erfüllt‹ (dafür schreiben wir überall ›$\in z$‹). Sehen wir uns (1)–(5) genauer an, so erkennen wir, dass wir verschiedene einfache und zusammengesetzte Ausdrücke nicht nur verwenden, sondern auch *über* sie sprechen müssen: Prädikate, Variablen, Negationen, Konjunktionen, Quantoren; ebenso über n-tupel und Zahlen; für Variablen und Elemente von n-tupeln geben wir Zahlen an. Nun lassen sich n-tupel und Zahlen auf mengentheoretische Begriffe zurückführen – letzten Endes wieder auf ›$\in$‹, Variablen, Wahrheitsfunktionen und Quantoren. Das gleiche gilt für die

Identität, die in (5) gebraucht wird. Wenn von Ausdrücken die Rede ist, dann lässt sich das auf dieselbe Sprache zurückführen, wobei ein maßvolles Lexikon besonderer Prädikate für das Buchstabieren hinzukommen muss. Eines dieser Prädikate ist das dreistellige Prädikat ›V‹ der Verknüpfung; ›Vxyz‹ bedeutet: x, y und z sind Zeichenfolgen, und x besteht aus y, gefolgt von z. Die anderen sind einstellige Prädikate, die die einzelnen Zeichen identifizieren; so möge ›Sx‹ bedeuten, dass x ein Strich (') ist, ›Lx‹ möge bedeuten, dass x eine linke Klammer ist, usw. Wir übergehen jetzt eine Menge Einzelheiten, die der interessierte Leser an anderer Stelle findet.[8] Ich teile einfach mit, dass sich ›ERz‹ auf dieses bescheidene Lexikon der Prädikate – ›$\in$‹, ›V‹, ›S‹, ›L‹, usw. – sowie Variablen, Wahrheitsfunktionen und Quantoren zurückführen lässt.

Als Kuriosum möchte ich darauf hinweisen, dass man mit einem Kunstgriff von Gödel dieses Lexikon der Prädikate sogar auf ›$\in$‹ allein beschränken kann. //44// Der Kunstgriff besteht darin, dass man Zeichen und Zeichenfolgen durch positive ganze Zahlen ersetzt. Nehmen wir der Einfachheit halber an, unser Alphabet enthalte höchstens neun Zeichen. Wir können sie irgendwie mit den Zahlen von 1 bis 9 identifizieren, und jede Zeichenfolge mit der Zahl, die durch die entsprechende Ziffernfolge ausgedrückt wird. Damit können wir das, was die Buchstabierprädikate ›V‹, ›S‹, ›L‹ usw. leisten, im Rahmen der Arithmetik ausführen, und diese wiederum lässt sich auf ›$\in$‹, Variablen, Wahrheitsfunktionen und Quantoren zurückführen.

Ob wir nun diesen Kunstgriff anwenden oder nicht, ›ERz‹ lässt sich in die Objektsprache übersetzen, für die die Standardgrammatik und ein angebbares Lexikon von Prädikaten gilt. Damit wird also mit Hilfe von (6) ›x erfüllt y‹ in die Objektsprache übersetzt.

Das klingt erfreulich, aber wir werden bald Gründe finden, uns darüber Gedanken zu machen. Betrachten wir die Grellingsche Antinomie, gewöhnlich auch als die Antinomie mit ›heterologisch‹ bekannt. Man kann sie für offene Sätze mit einer Variablen formulieren. Alle möglichen Gegenstände können solche Sätze erfüllen. Sätze erfüllen einige von ihnen. Manche Sätze erfüllen sich selbst. Der offene Satz ›x ist kurz‹ ist ein kurzer Satz und erfüllt damit sich selbst. Der offene Satz ›x erfüllt mindestens einen Satz‹ erfüllt mindestens einen Satz und damit sich selbst. Andere offene Sätze erfüllen sich selbst nicht. Beispiele: ›x ist lang‹; ›x ist englisch‹; ›nichts erfüllt x‹. Jetzt probieren wir den offenen Satz ›x erfüllt sich selbst nicht‹ aus. Es ist ganz klar: erfüllt er sich, so erfüllt er sich nicht, und umgekehrt.

›x erfüllt sich selbst nicht‹ darf also in der Objektsprache nicht vorkommen. Denn die Objektsprache besaß in Form der Buchstabierprädikate schon die Mittel, um ihr angehörende Zeichenfolgen als Gegenstände aus dem Wertebereich ihrer Variablen anzugeben. Ist nun eine dieser Zeichenfolgen ›x erfüllt sich selbst nicht‹ bzw. der entsprechende Satz der Standardsprache und nimmt man genau diese Zeichenfolge als den Gegenstand, auf den sich ›x‹ bezieht, dann erhalten wir einen Widerspruch.

Wir haben vorhin festgestellt, dass sich ›x erfüllt y‹ als gewöhnlicher offener Satz in die Objektsprache übersetzen lässt. Dann gilt das aber ebenso für ›~ (x erfüllt x)‹, d.h. ›x erfüllt sich selbst nicht‹. Wir können also anscheinend dem Widerspruch nicht entgehen.

3.5 Auflösung der Antinomie in der Mengenlehre

Die Mengenlehre bietet eine Auflösung. Die induktive Definition, die durch (1)–(5) dargestellt wird, ist in Ordnung und kann vollständig in die Objektsprache übersetzt werden, natürlich mit Ausnahme des neuen Ausdrucks, der induktiv definiert wird – des Verbums ›erfüllt‹. Damit ist ›ERz‹, das aus (1)–(5) durch das Weglassen von ›erfüllt‹ und //45// die Einführung von ›z‹ entsteht, vollständig in die Objektsprache übersetzbar. Zudem sagt ›ERz‹ von z aus, dass die Paare, die zu z gehören, gerade diejenigen $\langle x, y \rangle$ sind, für die gilt: x erfüllt y. So weit, so gut. *Gibt es* aber eine Menge z, die diese Bedingung erfüllt? Wenn ja, dann erfüllt (6) seinen Zweck und definiert ›x erfüllt y‹; wenn nein, dann ist (6) einfach für alle x und y falsch. Und die Antwort ist tatsächlich negativ aufgrund einer *reductio ad absurdum*: es gibt keine solche Menge z, oder wir wären wieder zurück bei Grellings Widerspruch.

Die allgemeine Frage, was es für Mengen gibt, ist seit langem notorisch ungeklärt. Man sagt, ein offener Satz bestimme eine Menge, wenn er genau für die Elemente der Menge wahr ist. Es scheint klar, dass wir die Menge bestimmt haben, wenn wir den Satz angegeben haben, dass also jeder offene Satz eine Menge bestimmt. Doch die Antinomien der Mengenlehre, vor allem die Russellsche, belehren uns eines besseren; der Satz ›~ ($x \in x$)‹ bestimmt keine Menge. Gäbe es eine solche Menge, so wäre sie in sich selbst enthalten genau dann, wenn sie nicht in sich selbst enthalten ist.

Der Mengentheoretiker muss also versuchen, zu klären, welche offenen Sätze Mengen bestimmen. Es gibt verschiedene Möglichkeiten, denen verschiedene Mengenlehren entsprechen, die nicht alle gleich stark sind. Als wir ›$\in$‹ in das Lexikon unserer Objektsprache einbezogen, ließen wir offen, wie stark die entsprechende Mengenlehre sein sollte. Aber eins steht jetzt fest: es kann keine mit der übrigen Objektsprache vereinbare Mengentheorie geben, die eine Menge z enthält, so dass gilt: ERz.

Tarskis Arbeiten stellen also eine neue Verbindung her zwischen den sogenannten semantischen Antinomien, deren bekanntestes Beispiel die Grellingsche ist, und den mengentheoretischen Antinomien, deren bekanntestes Beispiel die Russellsche ist. Aufgrund der Grellingschen Antinomie mussten wir zumindest die mutmaßliche Menge z ablehnen. Aber man sollte festhalten, dass diese Antinomie in folgendem Sinne schwächer ist als die Russellsche: das z, das sie ablehnt, war nicht eine Menge, die durch einen offenen Satz bestimmt sein sollte, der in der Objektsprache ausdrückbar ist. Es sollte ja die Menge aller Paare $\langle x, y \rangle$ sein, für die gilt: x erfüllt y; z sollte also durch den offenen Satz ›x erfüllt y‹ bestimmt sein. Der aber gehört nicht zur Objektsprache. Die Grellingsche Antinomie zeigt: er gehört zu einer unübersetzbaren fremden Sprache.

Wir können noch immer annehmen, dass ›x erfüllt y‹ ein Satz der Metasprache ist, und auf dieser Ebene können wir sogar annehmen, dass er eine Menge z bestimmt. Nach dieser Auffassung ist (6) nach wie vor als Definition von ›x erfüllt y‹ für die Objektsprache brauchbar, aber es gehört zur Metasprache. In dieser ist eine stärkere Mengenlehre möglich als in der Objektsprache; in der Metasprache ist eine Menge z möglich, so dass gilt: ERz.

Es sollte noch erwähnt werden, dass nicht jede Sprache ihr Erfüllungsprädikat von sich ausschließt. Eine Sprache kann ungestraft ihr eigenes Erfüllungsprädikat und Wahrheitsprädikat enthalten, wenn ihr – anders als bei den Sprachen, über die wir nachgedacht haben – gewisse Hilfsmittel fehlen, die man benötigt, um Widersprüche herzuleiten.[9]

//47//

4. LOGISCHE WAHRHEIT

4.1 Logische Wahrheit und Form

Unsere Untersuchung des Begriffs der Wahrheit wurde zu einer Untersuchung des Begriffs der Erfüllung. Die Wahrheit ist der Grenzfall der Erfüllung, so wie der geschlossene Satz der Grenzfall des Satzes ist. Um den Wahrheitsbegriff für geschlossene Sätze zu formulieren, mussten wir induktiv über die Erfüllung offener Sätze aufsteigen, weil geschlossene Sätze offene als Bestandteile enthalten. Diese Erkenntnis führte Tarski zu seiner berühmten Definition der Wahrheit und der Erfüllung, mit der wir uns beschäftigt haben.

Die Erfüllungsbedingungen für die Negation, die Konjunktion und die Existenzquantifikation spielten in der induktiven Definition der Erfüllung eine wichtige Rolle. Aber sie sind nicht nur als Definitionen interessant, sie sind auch die Grundlage eines Logikkalküls mit der Negation, der Konjunktion und der Existenzquantifikation. Sie geben an, welche n-tupel die zusammengesetzten Sätze erfüllen, wenn man weiß, welche die einfachen Sätze erfüllen.

Leider ergibt sich keine solche Bestimmung für die verschiedenen n-tupel. Das heißt, man könnte von einem n-tupel wissen, welche einfachen Sätze es erfüllt, und hat dennoch keine Möglichkeit, zu entscheiden, ob es einen bestimmten zusammengesetzten Satz erfüllt. Man könnte wissen, welche einfachen Sätze ein n-tupel $\langle a, b \rangle$ erfüllt, und hat keine Möglichkeit, zu entscheiden, ob es eine Quantifikation ›$\exists z\, Fxyz$‹ erfüllt. Denn das hängt davon ab, ob für mindestens ein Element *w* gilt: $\langle a, b, w \rangle$ erfüllt ›*Fxyz*‹, //48// und das geht über jede einfache Information bezüglich $\langle a, b \rangle$ hinaus. Die höhere Information über $\langle a, b \rangle$ erfordert also eine einfache Information über mehr als $\langle a, b \rangle$. Trotzdem ist die gesamte höhere Information durch die – freilich nicht beherrschbare – unendliche Menge der einfachen Information bestimmt. Wenn wir von allen einfachen Sätzen wissen, welche n-tupel sie erfüllen, dann wissen wir auch, welche n-tupel irgendwelche zusammengesetzten Sätze erfüllen.

Diese Zusammenhänge zu bestimmen, ist Aufgabe der Logik. Es ist nicht ihre Aufgabe, zu bestimmen, welche n-tupel die einfachen Sätze erfüllen, sondern, in Abhängigkeit von solch einer Information, welche zusammengesetzten Sätze wahr sind oder von welchen n-tupeln sie erfüllt werden. Die Logik erforscht diese Zusammenhänge ebenso umgekehrt: gegeben, dass ein zusammengesetzter Satz wahr ist, oder gegeben das, was ihn erfüllt, legt sie fest, welche Möglichkeiten für die einfachen Sätze noch übrig sind. Aufgrund dieser Zusammenhänge in beiden Richtungen gibt es dann indirekt auch querlaufende Zusammenhänge zwischen verschiedenen zusammengesetzten Sätzen.

Ein bekannter solcher Zusammenhang ist die *logische Implikation.* Ein geschlossener Satz impliziert logisch einen anderen, wenn aufgrund der Form der Sätze feststeht, dass, wenn der erste wahr ist, auch der zweite wahr ist. Es gilt hier die wichtige Einschränkung, dass dabei keine zusätzliche Annahme oder Information über die Wahrheit anderer Sätze vorausgesetzt werden darf. Die logische Implikation beruht allein auf der Anordnung der Wahrheitsfunktionen, Quantoren und Variablen. Sie beruht allein auf der logischen Form der zwei Sätze, wie wir es kurz nennen wollen.

Die logische Implikation kann auch zwischen offenen Sätzen bestehen. Ein offener Satz impliziert logisch einen zweiten, wenn nur solche n-tupel, die den zweiten erfüllen, auch den ersten erfüllen – vorausgesetzt wiederum, dass das allein aus der logischen Form der zwei Sätze ohne weitere Information hervorgeht.

Die logische Implikation ist ein Begriff aus einer Familie von eng miteinander verwandten Begriffen. Ein anderer ist die *logische Unverträglichkeit.* Geschlossene Sätze sind logisch unverträglich, wenn sie aufgrund ihrer logischen Form nicht beide wahr sein können. Offene Sätze sind logisch unverträglich, wenn sie aufgrund ihrer logischen Form von keinem n-tupel beide erfüllt werden können.

Andere Mitglieder der Familie sind die *logische Wahrheit* und die *logische Falschheit.* Ein Satz ist logisch wahr (falsch), wenn er aufgrund seiner logischen Form wahr (falsch) sein muss.

Übrigens können wir uns aufgrund einer Festsetzung vom Anfang von Kapitel 3 kürzer ausdrücken: wir nannten offene Sätze wahr, wenn sie für alle Werte der freien Variablen wahr sind. Im jetzigen Kapitel sparen wir dadurch erheblich. //49//

Wir können diese Begriffsfamilie bequemerweise einem ihrer Mitglieder, dem Begriff der logischen Wahrheit, unterordnen. Er hat vor der logischen Implikation den Vorteil, dass er sich auf einzelne Sätze und nicht auf Satzpaare bezieht. Die übrigen Begriffe lassen sich aus der logischen Wahrheit folgendermaßen ableiten. Ein Satz ist logisch falsch genau dann, wenn seine Negation logisch wahr ist. Zwei oder mehr Sätze sind logisch unverträglich genau dann, wenn ihre Konjunktion logisch falsch ist. Und schließlich: Ein Satz impliziert logisch einen anderen, wenn er mit dessen Negation logisch unverträglich ist. Um hier nicht aufzuhören, können wir auch noch die Äquivalenz einführen: Sätze sind *logisch äquivalent,* wenn sie sich gegenseitig logisch implizieren.

Bei diesen ganzen Formulierungen konnte ich dank der Festsetzung auf die Unterscheidung von offenen und geschlossenen Sätzen verzichten.

Ich habe eine logische Wahrheit als einen Satz definiert, der aufgrund seiner logischen Form wahr ist. Um aber ein mögliches Missverständnis auszuschließen, sollte man es lieber so ausdrücken: ein Satz ist logisch wahr, wenn alle Sätze mit derselben logischen Form wahr sind. Hier muss man allerdings einen feinen Unterschied beachten: es ist möglich, dass ein Satz die logische Form eines anderen hat, aber dieser nicht die logische Form des ersten.

Zum Beispiel hat der Satz

(1) $\sim \exists x\,(x$ schwimmt $. \sim (x$ schwimmt$))$

die logische Form von

(2) $\sim \exists x\,(x$ schwimmt $.\ x$ brennt$)$.

(1) hat aber noch eine weitere Eigenschaft, und die genügt dafür, dass er, anders als (2), logisch wahr ist. Alle Sätze mit der logischen Form von (1) sind wahr; deshalb ist (1) logisch wahr. Nicht alle Sätze mit der logischen Form von (2) sind wahr; (1) ist wahr, nicht aber (2) selbst.

4.2 Logische Wahrheit und Einsetzung

Ich habe erklärt, dass ich zum gegenwärtigen Zeitpunkt unter der logischen Form eines Satzes seinen Aufbau aus Wahrheitsfunktionen, Quantoren und Variablen verstehe. In der Standardgrammatik ist also ein Satz durch seine logische Form und die Prädikate, die in ihm vorkommen, vollständig bestimmt. Man setze einfach Schema-Buchstaben ›*F*‹, ›*G*‹, usw. an die Stelle der Prädikate in einem Satz, und man hat seine logische Form dargestellt.

Das führt zu einer zweiten und einfacheren Definition der logischen Wahrheit: ein Satz ist logisch wahr, wenn er bei allen Änderungen seiner Prädikate wahr bleibt. Hier müssen wir auf eine noch feinere Unterscheidung achten, //50// als sie vorhin durch (1) und (2) erklärt wurde. Es kommt darauf an, wie großzügig wir »Änderung seiner Prädikate« verstehen wollen. Nach einer engen Auslegung wäre darunter nur die Ersetzung von Prädikaten durch Prädikate zu verstehen. Demgemäß könnte man aus dem Satz

(3) $\exists x$ (*x* schwimmt . *x* brennt)

durch Änderung von Prädikaten

(4) $\exists x$ (*x* schwimmt . *x* löst sich auf)

machen, nicht aber

(5) $\exists x$ (*x* schwimmt . ~ (*x* schwimmt)).

Wenn wir die logische Wahrheit definieren wollen, dann brauchen wir natürlich die großzügigere Lesart: (5) soll die logische Form von (3) haben. Es handelt sich also nicht um die Ersetzung von Prädikaten durch Prädikate, sondern um die Ersetzung von einfachen Sätzen (›*x* brennt‹) durch Sätze (›~ (*x* schwimmt)‹, ›*x* löst sich auf‹).

Eine *logische Wahrheit* ist also definierbar *als ein Satz, aus dem nur wahre Sätze entstehen, wenn seine einfachen Sätze durch irgendwelche Sätze ersetzt werden.* Damit ist (3) nicht logisch wahr, denn die Einsetzung des zusammengesetzten Satzes ›~ (*x* schwimmt)‹ anstelle des einfachen Satzes ›*x* brennt‹ in (3) ergibt den falschen Satz (5). Dagegen ist (1) logisch wahr, denn wenn ein beliebiger, noch so komplizierter Satz in (1) anstelle von ›*x* schwimmt‹ eingesetzt wird, ergibt sich stets ein wahrer Satz.

Gelegentlich wird diese Definition der logischen Wahrheit in zwei Schritten formuliert, wobei der Begriff des *gültigen logischen Schemas* herangezogen wird. Ein logisches Schema ist ein Satzschema, wie wir es eine Seite vorher angesprochen haben. Es unterscheidet sich von einem Satz nur dadurch, dass anstelle der Prädikate Schema-Buchstaben ›*F*‹, ›*G*‹, usw. stehen. Es entsteht also durch Anwendung von Quantoren und Wahrheitsfunktionen auf einfache Satzschemata wie ›*Fxy*‹, ›*Fzx*‹, ›*Gz*‹, usw. (Man könnte auch die Schema-Buchstaben ›*p*‹, ›*q*‹, usw. zulassen; aber es ist einfacher, wenn ich es an diesem Punkt nicht tue.) Ein logisches Schema ist *gültig,* wenn jeder Satz wahr ist, der aus ihm durch Einsetzung von Sätzen anstelle einfacher Satzschemata entsteht. Eine *logische Wahrheit* schließlich ist ein wahrer Satz, der auf diese Weise aus einem gültigen logischen Schema gewonnen werden kann. Diese zweistufige Definition der logischen Wahrheit läuft auf dasselbe hinaus wie die einstufige, durch Kursivierung hervorgehobene im vorhergehenden Absatz. Die zweistufige ist deshalb sinnvoll, //51// weil der Begriff des gültigen Schemas noch anderweitig nützlich ist. Da die Schemata nichts mit Inhalten zu tun haben, sind sie das natürliche Ausdrucksmittel für logische Gesetze und Beweise.

In der einstufigen Definition ist von der Einsetzung von Sätzen anstelle von einfachen Sätzen die Rede, in der zweistufigen von der Einsetzung von Sätzen anstelle von einfachen Schemata. In beiden Fällen muss natürlich die Einsetzung einheitlich sein. Wenn wir den Satz

~ (*x* schwimmt . *x* hat größere Dichte als *y*)

anstelle des einfachen Satzes ›$x > y$‹ (oder des einfachen Schemas ›*Fxy*‹) einsetzen, dann müssen wir auch

~ (*z* schwimmt . *z* hat größere Dichte als *x*)

anstelle von ›$z > x$‹ (oder ›*Fzx*‹) einsetzen. Eine genaue Formulierung dieser Forderung wäre ziemlich umständlich, ich halte mich mit ihr nicht auf. Sie steht in den Lehrbüchern der Logik.[10]

4.3 Logische Wahrheit und Modelle

Ich muss aber noch einiges über die Gültigkeit sagen. Unsere jetzige Definition der Gültigkeit bezieht sich auf Einsetzungen; ein Schema ist gültig, wenn durch Einsetzung aus ihm nur wahre Sätze hervorgehen. Es gibt aber eine ganz andere Definition der Gültigkeit, die auch wissenwert ist: eine, die von der Mengenlehre Gebrauch macht. Wir können sie am besten verstehen, wenn wir zunächst zwei Hilfsbegriffe einführen. Der erste ist der des *mengentheoretischen Analogons*, wie ich es nennen möchte, eines logischen Schemas. Das ist ein offener Satz der Mengenlehre, der aus dem Schema folgendermaßen gebildet wird. Anstelle der Prädizierungen ›*Fx*‹, ›*Fy*‹, ›*Gx*‹, usw. schreiben wir ›$x \in \alpha$‹, ›$y \in \alpha$‹, ›$x \in \beta$‹, usw.; die Werte der Variablen ›α‹, ›β‹, usw. sind Mengen. Bei zweistelligen Prädikatbuchstaben verwenden wir geordnete Paare: für ›*Hxy*‹ schreiben wir ›$\langle x, y \rangle \in \gamma$‹. Entsprechend verfahren wir mit drei- und mehrstelligen Prädikatbuchstaben. Das mengentheoretische Analogon des logischen Schemas ›$\exists x\, (Fx\, .\, Gx)$‹ zum Beispiel ist der offene Satz ›$\exists x\, (x \in \alpha\ .\ x \in \beta)$‹. Dieser Satz spricht über Mengen und lässt Quantifikation über sie zu, z.B. ›$\forall\alpha$‹, ›$\exists\beta$‹, ›$\forall\beta$‹; die Schema-Buchstaben ›*F*‹, ›*G*‹ dagegen vertreten nur Prädikate und sind keine Variablen, die Werte annehmen. Das Schema stellt nur die logische Form von Sätzen dar; sein mengentheoretisches Analogon dagegen ist einer der //52// tatsächlichen Sätze mit dieser Form. Es ist ein offener Satz, der von bestimmten Mengen-n-tupeln erfüllt wird und von anderen nicht.

Der andere Begriff, den wir für die neue Definition der Gültigkeit brauchen, ist der des *Modells*. Ein Modell eines Schemas ist ein Mengen-n-tupel: jedem Prädikat-Schema-Buchstaben entspricht eine Menge, und am Anfang des n-tupels steht eine nichtleere Menge *U*, die Allmenge oder der Wertebereich der Variablen ›*x*‹, ›*y*‹, usw. Einem einstelligen Prädikatbuchstaben im Schema entspricht eine Menge von Elementen aus *U*; einem zweistelligen eine Menge von Paaren von Elementen aus *U*; und so weiter. Man sagt, ein Modell erfülle ein Schema, wenn es, kurz ausgedrückt, das mengentheoretische Analogon des Schemas erfüllt. Genauer: *U* sei der Wertebereich der Variablen ›*x*‹, ›*y*‹, usw., und die übrigen Mengen des Modells sollen die Werte der Mengenvariablen ›α‹, ›β‹, usw. sein; dann erfüllt das Modell das Schema, wenn das mengentheoretische Analogon des Schemas wahr ist.

Zum Beispiel: Ein Modell (U, α, β) erfüllt das logische Schema ›$\exists x (Fx . Gx)$‹, wenn $\exists x (x \in \alpha \ . \ x \in \beta)$, d.h. wenn die beiden Mengen des Modells nicht elementfremd sind. Und das Modell erfüllt das Schema ›$\sim \exists x (Fx \ . \sim Gx)$‹, wenn die eine Menge eine Untermenge der anderen ist.

Die neue Definition der Gültigkeit lautet nun folgendermaßen: Ein Schema ist gültig, wenn es von allen seinen Modellen erfüllt wird. Eine logische Wahrheit wird, wie vorhin, definiert als ein Satz, der durch Einsetzung aus einem gültigen Schema entsteht.

Als Unterschied zwischen der neuen und der alten Definition der Gültigkeit springt ins Auge, dass in der neuen von Mengen als Werten von Variablen die Rede ist, in der alten dagegen von der Einsetzung von Sätzen. Mit diesem Unterschied wollen wir uns jetzt beschäftigen.

Ein nebensächlicher Unterschied ist die Variabilität von *U*; bei der alten Definition wurde eine vollständig interpretierte Objektsprache vorausgesetzt, bei der es keine verschiedenen Möglichkeiten für die Wertebereiche der Variablen gab. Die Voraussetzung, dass *U* nicht leer sein soll, ist rein technischer Art und kein philosophisches Dogma über notwendige Existenz. Ihr Vorteil hängt mit der Eigenart der Zahl 0 zusammen. Man kann leicht beweisen, dass ein Schema, das von allen Modellen innerhalb einer größeren Allmenge erfüllt wird, auch von allen Modellen innerhalb einer kleineren Allmenge erfüllt wird, wobei allerdings manchmal die leere Allmenge eine Ausnahme macht. Daher schließen wir die leere Allmenge aus, um nicht eine Menge sonst gültiger wertvoller Schemata ungültig zu machen. Die leere Allmenge hat nichts Geheimnisvolles an sich; ihre Logik kann für sich behandelt werden, und sie ist an Trivialität kaum zu überbieten.[11] //53//

Denken wir nun über den Hauptunterschied nach: den zwischen der Zuweisung von Mengen als Werten und der Einsetzung von Sätzen. Würde jeder offene Satz eine Menge bestimmen, und wäre jede Menge durch einen offenen Satz bestimmt, dann würde der Unterschied verschwinden; die Einsetzung von Mengen an der Stelle von Prädikat-Buchstaben und die Einsetzung von Sätzen an der Stelle von einfachen Schemata würden auf dasselbe hinauslaufen. Aber in Wirklichkeit gibt es Defizite auf seiten der Mengen und auf seiten der Sätze: Es bestimmt weder jeder offene Satz eine Menge noch wird jede Menge von einem offenen Satz bestimmt.

Diese wechselseitigen Defizite zeigen sich sofort an der Russellschen und der Grellingschen Antinomie. Die Russellsche Antinomie zeigt uns, dass es einen offenen Satz der Objektsprache gibt, nämlich ›~ $(x \in x)$‹, der keine Menge bestimmt. Die Grellingsche Antinomie zeigt uns, dass es eine Menge gibt, die von keinem Satz der Objektsprache bestimmt wird, nämlich die Menge aller Sätze der Objektsprache, die sich selbst nicht erfüllen. Der Satz, der diese Menge bestimmen würde, könnte nur ›~ (x erfüllt x)‹ sein oder ein äquivalenter; die Grellingsche Antinomie zeigt, dass es in der Objektsprache keinen solchen Satz geben darf.

4.4 Die Angemessenheit der Einsetzung

Wenn Mengen und Sätze derart auseinander fallen, dann sollte es einen Unterschied zwischen den beiden Definitionen der Gültigkeit geben. Es gibt aber im Gegenteil zwei bemerkenswerte Lehrsätze, aus denen folgt, dass die Definitionen der Gültigkeit von den Defiziten der Mengen und der Sätze nicht betroffen werden, solange die Objektsprache nicht allzu arm ist: solange man in ihr die elementare Zahlentheorie ausdrücken kann. In einer solchen Sprache wird ein Schema, das bei allen Einsetzungen von Sätzen wahr bleibt, auch von allen Modellen erfüllt, und umgekehrt.

Die Forderung, dass die Objektsprache für die elementare Zahlentheorie reich genug sein soll, ist ziemlich schwach. Die elementare Zahlentheorie spricht über die positiven ganzen Zahlen mit Hilfe der Addition, der Multiplikation, der Identität, der Wahrheitsfunktionen und der Quantifikation; Mengen kommen nicht vor. Im Rahmen der Standardgrammatik würden die Funktoren der Addition und Multiplikation natürlich, ebenso wie die Identität, durch geeignete Prädikate ausgedrückt (vgl. Kapitel 2).

Man kann also beweisen, dass in einer solchen Sprache genau die Schemata, die bei allen Einsetzungen von Sätzen wahr bleiben, auch von allen Modellen erfüllt werden. Genauer gesagt: was wir erhalten, sind die folgenden beiden Sätze:

(I) Wenn ein Schema bei allen Einsetzungen von Sätzen der elementaren Zahlentheorie wahr bleibt, dann wird es von allen Modellen erfüllt. //54//

(II) Wenn ein Schema von jedem Modell erfüllt wird, dann ist es bei allen Einsetzungen von Sätzen wahr.

Satz (I) geht bis auf das Jahr 1915 zurück. Damals zeigte Leopold Löwenheim: *jedes Schema, das überhaupt von einem Modell erfüllt wird, wird von einem Modell* $\langle U, \alpha, \beta, \gamma, \ldots \rangle$ *erfüllt, wo U nur die positiven ganzen Zahlen umfasst.* Dieser Satz wurde von Hilbert und Bernays dahin verschärft, dass die Mengen $\alpha, \beta, \gamma, \ldots$ je durch einen Satz der elementaren Zahlentheorie bestimmt sein können.[12] Also:

(A) Wird ein Schema überhaupt von einem Modell erfüllt, so ist es wahr bei einer Einsetzung von Sätzen der elementaren Zahlentheorie anstelle seiner einfachen Schemata.

Für diese Einsetzungen müssen wir natürlich voraussetzen, dass die quantifizierbaren Variablen in ihrem Wertebereich die positiven ganzen Zahlen haben. Sie dürfen aber auch noch andere Werte haben, wie man leicht zeigen kann.[13]

Aus (A) ergibt sich (I) folgendermaßen. (A) ist mit seiner Kontraposition äquivalent: ist ein Schema bei allen Einsetzungen von Sätzen der elementaren Zahlentheorie falsch, so wird es von keinem Modell erfüllt. Wenn wir nun anstelle des Schemas über seine Negation sprechen, dann wird in dieser Formulierung aus ›falsch‹ ›wahr‹, und ›von keinem Modell erfüllt‹ wird zu ›von jedem Modell erfüllt‹; damit haben wir (I).[14]

Dem Satz (II) liegt der Satz von der deduktiven Vollständigkeit der Quantorenlogik zugrunde. Dieser geht auf Skolem, Herbrand und Gödel (1928–1930) zurück und lautet:[15]

(B) Ein Schema, das von jedem Modell erfüllt wird, ist beweisbar.

›Beweisbar‹ soll sich hier auf irgendeine Beweismethode aus den Logiklehrbüchern beziehen; der Vollständigkeitssatz (B) lässt sich für eine ganze Reihe solcher Methoden beweisen. Einige von ihnen sind ganz offensichtlich in Ordnung: ganz offensichtlich erzeugen sie nur Schemata, die bei allen Einsetzungen wahr sind. Stellen wir uns eine solche Beweismethode vor, so folgt (II) aus (B).

(I) und (II) sind in meinen Augen ein guter Grund, bei der ersten Definition der Gültigkeit zu bleiben, nämlich der Wahrheit bei allen Einsetzungen //55// von Sätzen anstelle der einfachen Schemata. Damit müssen wir auch bei der entsprechenden Definition der logischen Wahrheit bleiben. Ohne den Umweg über das gültige Schema lautet sie: ein Satz ist *logisch wahr,* wenn *aus ihm durch Einsetzung von Sätzen anstelle seiner einfachen Sätze stets ein wahrer Satz entsteht.* Die Lehrsätze (I) und (II) sorgen dafür, dass diese Definition mit der anderen übereinstimmt, in der von Modellen die Rede ist, solange die Objektsprache reich genug für die bescheidenen Aussagen der elementaren Zahlentheorie ist. Wenn nicht, dann können wir die Nichtübereinstimmung der Definitionen der Armut der Sprache statt den Definitionen der logischen Wahrheit anlasten.

4.5 Einsparung von Mengen

Die Einsetzungs-Definition hat vor der Modell-Definition den offensichtlichen philosophischen Vorteil, dass wir mit einer schwächeren Ontologie auskommen. Wir kommen mit Sätzen aus, sogar mit objektsprachlichen Sätzen, und brauchen keine Allmenge von Mengen, von denen manche durch einen Satz bestimmbar, manche nicht bestimmbar sind.

Für andere Zwecke als den der Definition der logischen Wahrheit gibt es allerdings Gründe, sich einigen der ontologischen Ausschweifungen der Mengenlehre hinzugeben. Denn die Mengenlehre gibt eine allgemeine systematische Grundlage für die Mathematik ab. Gewisse Teile der Mathematik erfordern aber weniger starke mengentheoretische Hilfsmittel als andere, und diese Unterschiede sollte man wohl beachten. Wenn dann einmal ein Anlass auftritt, Theorien abzuändern, dann können wir Theorien empfehlen, die weniger voraussetzen müssen. Es ist immer ein Fortschritt, wenn man einen Weg findet, die ontologischen Kosten einer Neuentwicklung zu verringern. Das gilt auch außerhalb der Mathematik, und es gilt ganz besonders für die Definition der logischen Wahrheit.

Die Lehrsätze (A) und (B) und ihre Folgesätze (I) und (II) bleiben bemerkenswerte Sätze der Modelltheorie, die auf die Ausdrücke ›gültig‹ und ›logisch wahr‹ verzichtet. Genauer: (I) und (II) sind Sätze der Modelltheorie, welche zeigen, dass man nicht Modelltheorie treiben muss, um angemessen über die Gültigkeit und die logische Wahrheit reden zu können. (I) und (II) zeigen, dass man die Gültigkeit und die logische Wahrheit schon mit Hilfe der Rede von der Einsetzung von Sätzen angemessen definieren kann.

Trotzdem wäre es nicht richtig, zu behaupten, wir hätten durch die Einsetzungs-Definitionen der Gültigkeit und der logischen Wahrheit die Begriffe der Gültigkeit und der logischen Wahrheit völlig unabhängig von den Mengen gemacht. Denn wenn wir überhaupt von Sätzen und Einsetzungen reden, dann könnte man uns vorhalten, dass wir eben doch von Mengen reden; denn was ist ein Satz, wenn nicht die Menge seiner Verwendungsfälle?

Aber es kommt noch schlimmer. Wir kommen auch nicht mit Mengen von Verwendungsfällen aus. Ein Satz, der zufällig niemals niedergeschrieben oder geäußert wird, wäre, als Menge seiner Verwendungsfälle aufgefasst, die leere Menge. Damit wären alle derartigen Sätze identisch. Es gäbe also gar keine Sätze, mit denen man //56// vernünftig arbeiten könnte, wenn sie nicht irgendwann einmal niedergeschrieben oder geäußert werden. Wenn man aber weiß, wie der Satz (A) bewiesen wird, dann ist klar, dass für die Sätze, von deren Einsetzung in (A) die Rede ist, keine solche Einschränkung gelten kann. (A) wäre dann nicht mehr wahr, (I) auch nicht mehr, und wir hätten kein Recht mehr, uns auf die Einsetzungs-Definition der Gültigkeit und logischen Wahrheit zu beschränken. (A) gilt nur im Rahmen einer klassischen, unbeschränkten Theorie endlicher Zeichenfolgen. Sind x und y verschiedene Folgen, so ist x, gefolgt von z, eine andere Folge als y, gefolgt von z, auch wenn sie niemals niedergeschrieben oder ausgesprochen werden.

Eine Möglichkeit, das zu erreichen, ist, eine Zeichenfolge nicht als die Menge ihrer Verwendungsfälle aufzufassen, sondern als das mathematische n-tupel ihrer Zeichen (n-tupel im Sinne von Kapitel 3). Die einzelnen Zeichen oder Phoneme der Folge können immer noch als die Mengen *ihrer* Verwendungsfälle aufgefasst werden, denn wir können dafür sorgen, dass es solche Verwendungsfälle gibt. Wir hätten dann unbeschränkt viele Zeichenfolgen, wie es für (A) nötig ist. Aber indem wir endliche n-tupel von unbeschränkter Elementzahl fordern, haben wir wieder die Mengenlehre herangezogen.

Statt dessen können wir Zeichen und Zeichenfolgen nach Gödel einfach mit positiven ganzen Zahlen identifizieren (vgl. Kapitel 3). Die elementare Zahlentheorie ist zwar, ebenso wie die Theorie der endlichen n-tupel, effektiv einem gewissen Teil der Mengenlehre äquivalent, aber nur der Theorie der endlichen Mengen. Und wir mussten ja auf jeden Fall die elementare Zahlentheorie sogar in die Objektsprache einbeziehen, als wir (I) als Rechtfertigung für unsere Beschränkung auf die Einsetzungs-Definition der Gültigkeit und logischen Wahrheit benützten. Diese Beschränkung ist also so zu sehen: der Begriff der Gültigkeit und der logischen Wahrheit wird von der Mengenlehre, außer einem recht bescheidenen Teil, unabhängig gemacht – unabhängig von Höhenflügen.

4.6 Logische Wahrheit und Beweis

Wir dürfen aber einen anderen sehr wesentlichen Begriff, der noch in den Einsetzungs-Definitionen vorkommt, nicht aus den Augen verlieren: den Begriff der Wahrheit. Die Einsetzungs-Definitionen erklären Gültigkeit und logische Wahrheit als Wahrheit unter allen Einsetzungen. Dieser allgemeine Begriff der Wahrheit, wie auch der der Erfüllung, geht sogar über den Rahmen der Objektsprache hinaus.

Diese Abhängigkeit vom Wahrheitsbegriff ist nicht etwa der Preis dafür, dass wir uns auf die Einsetzungs-Definitionen der Gültigkeit und der logischen Wahrheit beschränkt haben. Die Modell-Definitionen stützen sich ja ebenso auf die Wahrheit oder Erfüllung. Wir haben also keinen Anlass, unsere Entscheidung für die Einsetzungs-Definitionen zu revidieren. Wir haben aber //57// Anlass, eine dritte Definition der Gültigkeit und der logischen Wahrheit zu betrachten, die ohne die Begriffe der Wahrheit und der Erfüllung auskommt.

Der Schlüssel zu diesen neuen Definitionen ist der Vollständigkeitssatz (B) von oben. Wir können einfach die Schritte festlegen, die eine vollständige Beweismethode bilden, und dann ein gültiges Schema definieren als ein Schema, das mit solchen Schritten bewiesen werden kann. Dann können wir die logische Wahrheit wie vorher definieren: als einen Satz, der aus einem gültigen Schema durch Einsetzung anstelle seiner einfachen Schemata hervorgeht. Einige vollständige Beweismethoden beziehen sich übrigens nicht notwendig auf Schemata, sondern lassen sich auch direkt auf die Sätze anwenden, die aus den Schemata durch Einsetzung hervorgehen würden.[16] Solche Methoden erzeugen logisch wahre Sätze direkt aus anderen logisch wahren Sätzen. Wählen wir eine solche Beweismethode, so können wir die Schemata und die Gültigkeit beiseite lassen und eine logische Wahrheit einfach als einen Satz definieren, der durch diese Beweisverfahren erzeugt wird.

Jeder Versuch, die Gültigkeit oder die logische Wahrheit mit Hilfe eines Beweisverfahrens zu definieren, pflegt Protest auszulösen. Man weist darauf hin, dass die Eigenschaft, durch eine bestimmte Beweismethode beweisbar zu sein, an sich uninteressant sei; interessant sei sie erst aufgrund des Vollständigkeitssatzes, der die Beweisbarkeit mit der logischen Wahrheit in einem ursprünglicheren und wirklich interessanten Sinne gleichzusetzen erlaubt. Man weist auch darauf hin, dass durch jene Definition der logischen Wahrheit dem so wichtigen Vollständigkeitssatz der Boden unter den Füßen weggezogen werde; er werde inhaltsleer.

Aber diese Gefahr besteht gar nicht. Der Vollständigkeitssatz in der Formulierung (B) hängt nicht davon ab, wie die logische Wahrheit definiert wird, denn sie wird in ihm gar nicht erwähnt. Ein Teil seiner Bedeutung liegt aber darin, dass er zeigt, dass wir die logische Wahrheit durch die bloße Beschreibung einer Beweismethode definieren *können,* ohne etwas von dem zu verlieren, was uns die logische Wahrheit erst interessant macht.

Wichtig sind die Lehrsätze, die eine Äquivalenz zwischen ganz verschiedenen Formulierungen eines Begriffs – der logischen Wahrheit oder eines anderen – feststellen. Welche Formulierung dann sozusagen als die offizielle Definition genommen wird, ist weniger wichtig. Aber auch bloße Bezeichnungen können besser oder schlechter sein. Die elementarere Definition hat den Vorteil, dass sie für mehr Nachbarprobleme relevant ist.

Man darf aber nicht übersehen, dass ein Teil des Widerstands gegen jene elementare Definition der logischen Wahrheit einen ganz bestimmten Grund hat: die Willkür in der Wahl eines Beweisverfahrens. Man hat das Gefühl, dass man das Wesentliche an der logischen Wahrheit nicht erfasst hat, wenn die Definition in diesem Maße willkürlich ist. //58//

Wie elementar ist eigentlich diese Definition? Sie beschreibt Beweisverfahren und spricht damit über Zeichenfolgen. In dieser Hinsicht entspricht sie der Satz-Einsetzungs-Definition; sie bewegt sich effektiv auf der Ebene der elementaren Zahlentheorie. Und sie bleibt auf dieser Ebene, während die andere Definition auch den Begriff der Wahrheit benützt. Das ist ein großer Unterschied.

4.7 Logische Wahrheit und Grammatik

Wir haben mehrere Möglichkeiten für die Definition der logischen Wahrheit kennengelernt. Sie sind alle extensional äquivalent: sie erklären dieselben Sätze für logisch wahr (wenn nur die Objektsprache reich genug in Bezug auf ihre Prädikate ist). Sie erfordern wesentlich verschiedene Hilfsmittel, aber sie gehen alle von der Gleichheit der Struktur in Bezug auf drei grammatische Konstruktionen der Objektsprache aus: die Negation, die Konjunktion und die Existenzquantifikation. Eine Definition der logischen Wahrheit kann diese Konstruktionen ausdrücklich erwähnen, oder sie kann das indirekt tun, indem sie von der Einsetzung an der Stelle einfacher Sätze oder Schemata spricht – das macht keinen Unterschied, die Formulierungen laufen auf dasselbe hinaus.

Nun bietet sich der Gedanke an, die logische Wahrheit nicht in Bezug auf die Negation, Konjunktion und Existenzquantifikation unserer speziellen Objektsprache zu definieren, sondern allgemeiner in Bezug auf beliebige grammatische Konstruktionen, die die Objektsprache enthalten mag. Dann wäre eine logische Wahrheit ein Satz mit einer solchen grammatischen Struktur, dass alle Sätze mit dieser Struktur wahr sind.

Sätze haben dieselbe Struktur, wenn sie auseinander durch Ersetzung von Lexikonwörtern hervorgehen. Unsere neue Definition der logischen Wahrheit lässt sich also folgendermaßen formulieren: eine *logische Wahrheit ist ein wahrer Satz, der durch Einsetzung anderer Lexikonausdrücke nicht falsch werden kann.* Wenn wir in ihm an der Stelle eines Lexikonausdrucks irgendeine andere Zeichenfolge derselben grammatischen Kategorie einsetzen, ergibt sich ein wahrer Satz.

Das Lexikon unserer eigenen Objektsprache besteht aus den Prädikaten und den drei ungestrichenen Variablen ›*x*‹, ›*y*‹, ›*z*‹. Wenn wir den obigen Vorschlag hier anwenden, hätten wir also einen Satz als logisch wahr zu betrachten, wenn er unter allen Einsetzungen von Prädikaten für Prädikate und Variablen für ungestrichene Variablen wahr bleibt.

Obwohl gestrichene Variablen nach dieser Formulierung nicht ersetzt werden, kann man doch ›y'''‹ für ›x''‹ einsetzen, denn man kann ja ›y'‹ für das ›x‹ in › x''‹ einsetzen. Wir beschäftigen uns hier nicht mit komplizierten logischen Ersetzungen, sondern //59// mit ganz einfachen grammatischen Ersetzungen im Rahmen der Bildungsregeln, und zu diesen gehört die Bildung von ›x'‹ aus ›x‹, usw. Der lexikalische Trick mit der Variablenbildung wirkt sich auf die Definition der logischen Wahrheit lediglich so aus, dass es keine Einsetzungen von Variablen mit weniger Strichen für solche mit mehr Strichen gibt. Das ist aber ohne Bedeutung. Denn wenn ein Satz durch eine Ersetzung von Variablen mit Verminderung der Zahl der Striche falsch gemacht werden kann, dann kann er es sicher auch durch eine Ersetzung ohne Verminderung der Zahl der Striche.

Die Variablen werfen aber ein anderes Problem auf, auf das Harman hingewiesen hat[17]: was man vernünftigerweise grammatische Struktur nennt, bleibt nicht immer erhalten, wenn man an allen Stellen, an denen eine Variable vorkommt, eine andere einsetzt; ebenso kann sich die logische Wahrheit verlieren. Diese Schwierigkeit lässt sich beheben, wenn man von den Einsetzungen verlangt, dass sie *konservativ* seien: die eingesetzte Variable oder das sonstige Lexikonwort dürfen in dem Kontext nicht schon anderweitig vorkommen. Das schränkt die Prädikat-Ersetzung unnötig ein, aber ich glaube, nicht so weit, dass nicht mehr dieselben Sätze logisch wahr sind wie vorher. Harman schlug auch eine interessante andere Möglichkeit vor, nämlich die Variablen als Partikeln statt als Lexikonbestandteile zu nehmen, indem die Definition des Lexikons auf S. 53 geändert wird. »Statt der Unendlichkeit *und* der Unabgeschlossenheit kann man bloß die Unabgeschlossenheit zum Kriterium für die Kategorien machen.«

Unsere Definition der logischen Wahrheit auf der Grundlage von Lexikon-Ersetzungen stößt aber noch auf ein anderes und schwierigeres Problem: sie spricht nur von der Einsetzung von Prädikaten für Prädikate, während früher von der Einsetzung von Sätzen für einfache Sätze die Rede war. Wir sahen weiter oben in diesem Kapitel, wie die auf Sätze bezogene Definition einen stärkeren, engeren Begriff der logischen Wahrheit erzeugen kann, bei dem weniger Sätze als logisch wahr gelten, als wenn nur Ersetzungen von Prädikaten durch Prädikate betrachtet werden. Man kann sogar zeigen, dass die Prädikat-Ersetzungs-Definition der logischen Wahrheit zwangsläufig zu schwach ist, wenn wir endlich viele Prädikate haben.[18] Es liegt also nahe, sich die Unabgeschlossenheit der Kategorie der Prädikate zunutze zu machen: man lasse nicht nur Einsetzungen von Prädikaten aus einer vorgegebenen Liste zu, sondern von irgendwelchen Prädikaten, die in der Liste stehen könnten. Wenn wir diese Änderung vornehmen, lautet die Definition folgendermaßen: *eine logische Wahrheit* ist ein *Satz, der durch Ersetzung von Lexikonwörtern nicht falsch gemacht werden kann, auch wenn man das Lexikon erweitert.*

Was unsere Objektsprache angeht, so bleiben wir am besten bei der einen oder anderen der Definitionen der logischen Wahrheit, zu denen wir auf früheren Seiten gelangt waren. Die jetzige abstraktere //60// Definition ist bei der Betrachtung anderer Sprachen von Bedeutung. In diesem Zusammenhang tun wir gut daran festzuhalten, dass die früheren Definitionen mit der abtrakteren übereinstimmen, solange das Lexikon der Prädikate nicht zu beschränkt ist.

Die Definition ist aber noch nicht transzendent. Sie hängt vom Begriff der grammatischen Bildungsregel oder – in der komplementären Formulierung – von dem des Lexikons ab. Wir verfügen über keinen haltbaren transzendenten Begriff der Bildungsregel oder des Lexikons, sondern nur über eine Familie von entfernt verwandten, wechselseitig mehr oder weniger ähnlichen immanenten Begriffen (vgl. Kapitel 2). Dieselbe Sprache – dieselbe unendliche Menge von Sätzen – kann natürlich mittels verschiedener Bildungsregeln aus verschiedenen Lexika erzeugt werden. Unser beabsichtigter abstrakter Begriff der logischen Wahrheit hängt also nicht nur von der Sprache, sondern auch noch von ihrer Grammatisierung ab.

Trotzdem bietet der Definitionsvorschlag einen wünschenswerten Gewinn an Allgemeinheit und dazu eine interessante Verbindung zwischen Logik und Grammatik. Nach dieser Auffassung sind die logisch wahren Sätze einer Sprache bestimmt, wenn wir für die Sprache die Grammatik und das Prädikat ›wahr‹ festgelegt haben. Die Logik ist, in der Sprache der Mechanik gesprochen, die Resultante zweier Kräfte: der Grammatik und der Wahrheit. //61//

5. DER BEREICH DER LOGIK

5.1 Beziehungen zur Identität

Bei den verschiedenen Definitionen der logischen Wahrheit, die wir betrachtet haben, werden die einfachen Bestandteile eines zusammengesetzten Satzes verändert, oder seine Form wird durch ein Schema wiedergegeben und dieses dann angewandt. All das bezieht sich auf die grammatische Struktur.

Diese Auffassung der logischen Wahrheit wird aber durch das Identitätsprädikat ›=‹ in Frage gestellt. Wahrheiten der Identitätstheorie wie z.B. ›$x = x$‹, ›$\exists y\ (x = y)$‹ oder ›$\sim (x = y\ .\ \sim (y = x))$‹ eignen sich nicht als logische Wahrheiten gemäß den betrachteten Definitionen der logischen Wahrheit, denn sie können falsch werden, wenn man ›=‹ durch andere Prädikate ersetzt.

Sollen wir uns also auf den Standpunkt stellen, dass der wahre Satz ›$x = x$‹ und ähnliche Sätze keine logischen Wahrheiten sind und dass folglich die Identität etwas Außerlogisches ist? Sollen wir das Prädikat ›=‹ zusammen mit ›>‹ und ›∈‹ als etwas betrachten, das nicht zur Logik, sondern zur außerlogischen Mathematik gehört? In gewisser Weise scheint diese Schlussfolgerung angebracht. Gegen Ende von Kapitel 1 sprachen wir über die typische Indirektheit der logischen Allgemeinheiten, die uns zum semantischen Aufstieg veranlasste. Wenn wir aber ›=‹ oder irgendein anderes Prädikat zum rein logischen Wortschatz rechnen wollten, dann wären einige logische Verallgemeinerungen wie ›$\forall x\ (x = x)$‹ durch direkte Quantifikation in der Objektsprache ausdrückbar. Das wäre aber unerfreulich. Denn der Unterschied zwischen Verallgemeinerungen, die mit Hilfe einer Quantifikation in der Objektsprache ausgedrückt werden können, und solchen, die einen semantischen Aufstieg erfordern, markiert einen unübersehbaren und verlockenden Ort, an dem man die Trennlinie zwischen den anderen Wissenschaften und der Logik ziehen kann. //62//

Es gibt aber im Gegenteil auch Gründe dafür, die Identitätstheorie zur Logik zu rechnen. Einmal scheint die Identitätstheorie wegen ihrer Vollständigkeit der Logik näher zu stehen als der Mathematik. Es gibt vollständige Beweismethoden (vgl. (B) in Kapitel 4) nicht nur für die Quantifikationstheorie, sondern auch für diese zusammen mit der Identitätstheorie. Gödel zeigte: fügt man das Axiom

(1) $x = x$

und das Axiomenschema

(2) $\sim (x = y \,.\, Fx \,.\, \sim Fy)$

einem vollständigen Beweisverfahren für die Quantifikationstheorie hinzu, so ergibt sich ein vollständiges Beweisverfahren für die Quantifikationstheorie mit Identität.[19] Dagegen gibt es für die elementare Zahlentheorie kein vollständiges Beweisverfahren, wie Gödel in seinem berühmteren Satz (1931) zeigte.[20]

Weiterhin scheint die Identitätstheorie wegen ihrer Universalität der Logik näher zu stehen als der Mathematik: Sie behandelt alle Gegenstände unvoreingenommen. Jede Theorie kann natürlich auch mit allgemeinen Variablen formuliert werden, die über alle Gegenstände laufen, aber die einzigen Werte dieser Variablen, die etwa für die Zahlentheorie oder die Mengenlehre relevant sind, sind eben die Zahlen und die Mengen. Für die Identitätstheorie dagegen gibt es keinen ausgezeichneten Gegenstandsbereich.

Das deutet darauf hin, dass die Identitätstheorie ebenso wie die Quantifikationstheorie besonders grundlegend ist. In die gleiche Richtung deutet auch folgende Tatsache: sobald wir die Wahrheitsfunktionen, die Variablen und die offenen Sätze einer Sprache festgelegt haben, liegt auch schon fest, was eine brauchbare Definition der Identität für diese Sprache ist. Ein offener Satz mit den freien Variablen ›x‹ und ›y‹ drückt genau dann die Identität ›$x = y$‹ aus, wenn er (1) und (2) für alle Gegenstände x und y und für alle Einsetzungen anstelle von ›Fx‹ und ›Fy‹ erfüllt. Man erkennt leicht, dass diese Bedingungen keinen Spielraum lassen; zwei Definitionen der Identität, die diese Bedingungen erfüllen, sagen die Identität immer in den gleichen Fällen aus. Stellen wir uns zwei verschieden definierte Identitäten vor, ›$x =_1 y$‹ und ›$x =_2 y$‹. Nach (2) gilt dann ›$\sim (x =_1 y \,.\, Fx \,.\, \sim Fy)$‹ bei allen Einsetzungen für ›Fx‹ und ›Fy‹, also auch:

$\sim (x =_1 y \,.\, x =_2 x \,.\, \sim (x =_2 y))$. //63//

Nach (1) gilt aber $x =_2 x$. Also $\sim (x =_1 y \,.\, \sim (x =_2 y))$. Entsprechend $\sim (x =_2 y \,.\, \sim (x =_1 y))$. Kurz: $x =_1 y \equiv x =_2 y$.

5.2 Die Definition der Identität

Die Verwandtschaft der Identitätstheorie mit der Logik zeigt sich auch in dem folgenden bemerkenswerten Umstand: Ein Identitätsprädikat lässt sich ohne weitere Annahmen in jeder Sprache mit der Standardgrammatik einführen. Wir können die Identität zwar nicht ausschließlich mit Hilfe der Wahrheitsfunktionen und der Quantifikation definieren, aber wir können sie oder ein gleichwertiges Prädikat in den Systemen definieren, in denen Wahrheitsfunktionen und Quantoren verwendet werden.

Wie, geht aus folgendem Beispiel hervor. Wir betrachten eine Standardsprache, deren Lexikon folgende Prädikate enthält: ein einstelliges Prädikat ›*A*‹, zwei zweistellige Prädikate ›*B*‹ und ›*C*‹ und ein dreistelliges Prädikat ›*D*‹. Dann definieren wir ›$x = y$‹ als Abkürzung für:

(3) $Ax \equiv Ay \,.\, \forall z\, (Bzx \equiv Bzy \,.\, Bxz \equiv Byz \,.\, Czx \equiv Czy \,.\, Cxz \equiv Cyz \,.\, \forall z'\ (Dzz'x \equiv Dzz'y \,.\, Dzxz' \equiv Dzyz' \,.\, Dxzz' \equiv Dyzz'))$.

Man erkennt das Prinzip: die Ausschöpfung aller Kombinationen. Nach dieser Definition sagt ›$x = y$‹, dass die Gegenstände *x* und *y* durch die vier Prädikate nicht unterscheidbar sind, und zwar auch nicht in Bezug auf ihre Relationen zu anderen Gegenständen *z* und *z'*, soweit diese Relationen in einfachen Sätzen ausgedrückt werden. Es lässt sich zeigen, dass, wenn (3) gilt, die Gegenstände *x* und *y* auch durch keinen zusammengesetzten Satz unterscheidbar sind, der sich in der Sprache formulieren lässt.

Es kann sein, dass die Gegenstände, die die Werte der quantifizierbaren Variablen bilden sollen, sich durch die vier Prädikate nicht alle voneinander unterscheiden lassen. Dann definiert (3) nicht die wirkliche Identität. Aber innerhalb der Sprache lässt sich das gar nicht feststellen; (3) ist in diesem Rahmen so gut wie die Identität selbst. Man erkennt leicht, dass durch die Definition (3) für die Identität ›=‹ das Axiom (1), ›$x = x$‹, ein wahrer Satz der Logik der Quantoren und Wahrheitsfunktionen wird. Es lässt sich auch zeigen, dass (2) ein gültiges Schema der Quantorenlogik wird.[21]

Diese Definition oder Nachbildung der Identität setzt ein endliches Prädikatenlexikon voraus, denn bei unendlich vielen Prädikaten hätte der (3) entsprechende Ausdruck kein Ende. Bei //64// unendlich vielen Prädikaten können wir die Identität im Allgemeinen definieren, aber nicht immer.[22] Eine Sprache mit unendlich vielen Prädikaten weicht natürlich sowieso von unserer Standardgrammatik ab; sie erfordert eine grammatische Bildungsregel für zusammengesetzte Prädikate, denn ein Lexikon hat nur endlich viele Einträge.

Als Ergebnis möchte ich festhalten, dass die Identitätstheorie eine größere Verwandtschaft mit der Logik als mit der Mathematik hat. Sie gehört zur Logik. Aber wir sahen, dass sie unsere strukturell orientierten Definitionen der logischen Wahrheit in Frage stellt. Was soll aus ihnen werden?

Eine Lösung fließt merkwürdigerweise gerade aus der Überlegung, die am stärksten für die Einbeziehung der Identitätstheorie in die Logik sprach, nämlich die durch (3) exemplifizierte Definierbarkeit der Identität. Rechnen wir ›=‹ nicht als einfaches Prädikat zum Lexikon unserer Objektsprache, sondern betrachten wir es nur als Abkürzung für zusammengesetzte Sätze wie (3), dann sind die Gesetze der Identität nichts anderes als Abkürzungen für logische Wahrheiten der Quantorenlogik, für logische Wahrheiten in dem im vorigen Kapitel definierten Sinne. Damit ist die strukturelle Auffassung der logischen Wahrheit gerettet.

Treibt man, wie gewöhnlich, Identitätstheorie unabhängig von einer bestimmten Objektsprache mit einem bestimmten Prädikatenlexikon, so kann man sie als schematisch auffassen. Schon in der Logik der Wahrheitsfunktionen und der Quantoren steht die schematische Methode im Vordergrund; wir verwenden Schema-Buchstaben für noch unbestimmte Prädikate einer noch unbestimmten Sprache und für die daraus konstruierbaren zusammengesetzten offenen Sätze. In diesem Sinne kann man auch die Schreibweise ›$x = y$‹ als Schema ansehen, das einen zusammengesetzten Schema-Satz wie (3) vertritt.

5.3 Die Mengenlehre

Wir kommen nun von der Identitätstheorie zur Mengenlehre. Gehört sie zur Logik? Ich werde zu dem Schluss kommen, nein.

Das Prädikat ›$\in$‹ (›ist Element von‹) ist charakteristisch für die Mengenlehre wie ›=‹ für die Logik der Identität. Die Sprache der reinen Mengenlehre, losgelöst von anderen Gegenständen, lässt sich als Standardsprache im Sinne von Kapitel 2 Mitte mit ›$\in$‹ als dem einzigen Prädikat in ihrem Lexikon auffassen. Ihr Lexikon enthält also nur ›$\in$‹, ›*x*‹, ›*y*‹ und ›*z*‹; die Bildungsregeln sind Prädizierung, Negation, Konjunktion, Existenzquantifikation und die Erzeugung von weiteren Variablen durch Striche.

Wir sahen in Kapitel 2, dass man //65// das Prädikat ›$\in$‹ alternativ auch als Partikel auffassen kann. Dann besteht das Lexikon aus ›*x*‹, ›*y*‹ und ›*z*‹, und als Bildungsregeln haben wir Negation, Konjunktion, Existenzquantifikation, Variablenbildung und, anstelle der Prädizierung, die Bildung von Sätzen, die das Enthaltensein eines Elements in einer Menge aussagen: man bildet aus zwei Variablen und einer Partikel ›$\in$‹ dazwischen einen Satz. Die Sprache der Mengenlehre bleibt dieselbe, ob wir sie nun so oder mit ›$\in$‹ als Prädikat beschreiben. Ich ziehe letztere Grammatik vor, da sie eher unserer Vorstellung von der Standardsprache entspricht.

Neben ›$\in$‹ gibt es in der Mengenlehre eine andere charakteristische Schreibweise: ›$\{x: Fx\}$‹ oder ›$\hat{x}Fx$‹, die Abstraktion; sie bezeichnet eine Menge mit Hilfe des offenen Satzes, der sie bestimmt. Man kann aber die Sätze so umformulieren, dass dieser Ausdruck verschwindet. Nehmen wir zum Beispiel den Satz ›$\{x: Fx\} \in y$‹. Statt dessen können wir sagen: $z \in y$ für ein z, das eben die Menge $\{x: Fx\}$ ist. Dass z diese Menge ist, lässt sich ganz einfach ausdrücken: $(x)(x \in z \,.\equiv Fx)$.[23] Damit schreiben wir den Satz ›$\{x: Fx\} \in y$‹, in dem der Ausdruck ›$\{x: Fx\}$‹ vorkommt, folgendermaßen:

$$\exists z\,(z \in y \,.\, \forall x\,(x \in z \,.\equiv Fx)\,).$$

Entsprechend für andere Kontexte, in denen ›$\{x: Fx\}$‹ vorkommt. Nachdem wir nun die Abstraktion überall, wo sie vorkommt, eliminieren können, können wir viele weitere bekannte Ausdrücke der Mengentheorie als Abkürzungen für Abstraktionsausdrücke definieren: das Komplement $\bar{y}$ ist $\{x: \sim(x \in y)\}$, der Durchschnitt $y \cap z$ ist $\{x: x \in y \,.\, x \in z\}$, die Vereinigung $y \cup z$

ist $\{x: x \in y$ oder $x \in z\}$, die leere Menge Λ ist $\{x: \sim (x = x)\}$, die Einermenge $\{y\}$ ist $\{x: x = y\}$ und die Paarmenge $\{y, z\}$ ist $\{y\} \cup \{z\}$.

In Kapitel 3 sagten wir, dass es viele Mengenlehren gibt, die sich nicht bloß in der Formulierung unterscheiden, sondern darin, welche Mengen es geben soll. Darunter gibt es nun Mengenlehren, die sich nicht völlig in der Standardsprache mit ›∈‹ als einzigem Prädikat darstellen lassen. Meistens ist das aber möglich, und wir tun gut daran, uns an die Standardsprache zu halten, statt ›∈‹ und die logischen Zeichen mit Hilfe von anderen Zeichen zu definieren. Der Vorteil ist Standardisierung, so dass man die verschiedenen Systeme der Mengenlehre leichter miteinander vergleichen kann.

Die Pioniere der modernen Logik betrachteten die Mengenlehre als Logik. Das gilt für Frege, Peano und verschiedene ihrer Nachfolger, vor allem für Whitehead und Russell. Frege, Whitehead und Russell legten Wert darauf, //66// die Mathematik auf die Logik zurückzuführen; Frege behauptete 1884, er habe gegen Kant bewiesen, dass die wahren Sätze der Arithmetik analytisch seien. Aber die Logik, dies ermöglichte, umfasste auch die Mengenlehre.

5.4 Mengenlehre im Schafspelz

Diese Tendenz, die Mengenlehre als Logik anzusehen, beruht von jeher auf einer Überschätzung der Verwandtschaft zwischen der Prädizierung und dem Enthaltensein in einer Menge. Ein Zwischenbegriff, die Zuschreibung von Eigenschaften, schleicht sich ein und verstärkt die Illusion der Kontinuität.

In dem harmlosen Ausdruck ›*Fx*‹ der Quantorenlogik steht der Schema-Buchstabe ›*F*‹ an der Stelle eines Prädikats. Genauer: ›*Fx*‹ steht an der Stelle eines offenen Satzes in ›*x*‹; dass dieser aus ›*x*‹ und einem Prädikat zusammengesetzt ist, ist unwichtig. Wichtig ist, dass wir mit ›*F*‹ und ›*Fx*‹ lediglich Sätze und ihre Bestandteile schematisch darstellen; wir *sprechen nicht über* Prädikate oder andere Zeichenfolgen, ebensowenig über Eigenschaften oder Mengen. Einige Logiker haben aber eine andere Auffassung; sie fassen ›*F*‹ als eine Eigenschafts-Variable auf und ›*Fx*‹ als ›*x* besitzt *F*‹. Einige, die Eigenschaften gern haben, tun das mit offenen Augen; andere haben sich dazu durch eine Verwechslung verführen lassen.

Zunächst verwechseln sie Zeichen und Gegenstand, die Erwähnung und die Verwendung eines Zeichens. Statt ›*F*‹ konsequent so aufzufassen, dass es *an der Stelle* eines noch nicht bestimmten Prädikats steht, fasst es unser verworrener Logiker bei vielen Gelegenheiten als *Namen* eines noch nicht bestimmten Prädikats auf. Damit wird ›*F*‹ ein Gegenstandsausdruck, und der Logiker kann ›*Fx*‹ als ›*x* besitzt *F*‹ lesen, ohne dass das für ihn grammatisch falsch klänge. Einmal so weit, kann er die Verwirrung vollständig machen, indem er *F* eine Eigenschaft nennt. Damit redet er wie der klarsichtige, aber großzügige Logiker, der sich offenen Auges mit den Eigenschaften einlässt.

Frege kann als Beispiel für den großzügigen Logiker dienen. Russell könnte der verworrene Logiker sein, unbeschadet seiner großen Leistungen.

Bei den Quantoren ›∃*F*‹ und ›∀*F*‹ spitzt sich die Sache zu. Ich habe mich gegen sie schon etwas nach der Mitte von Kapitel 2 ausgesprochen. Ich glaube, es lohnt sich, dass ich meine Bedenken nun ausführlicher darlege.

Betrachten wir zunächst ein paar gewöhnliche Quantifikationen: ›∃*x* (*x* geht spazieren)‹, ›∀*x* (*x* geht spazieren)‹, ›∃*x* (*x* ist eine Primzahl)‹. In dem offenen Satz nach dem Quantor steht ›*x*‹ an einer Stelle, an der ein Name stehen könnte, zum Beispiel der Name eines Spaziergängers oder einer Primzahl. Die quantifizierten Sätze sagen nicht, dass Namen spazieren gehen oder Primzahlen sind; was spazieren geht oder eine Primzahl ist, sind Gegenstände, die man *durch* Namen an diesen Stellen bezeichnen kann. Schreibt man nun den Prädikat-Buchstaben ›*F*‹ in einen Quantor, so behandelt man //67// die Prädikat-Stellen in dem Ausdruck plötzlich als Namen-Stellen, also die Prädikate als Namen von irgendwelchen Dingen. Der Quantor ›∃*F*‹ oder ›∀*F*‹ sagt nicht, mindestens ein oder alle Prädikate seien so und so, sondern mindestens ein oder alle Gegenstände, die von Prädikaten bezeichnet werden, seien so und so. Der Logiker, der das erfasst hat und trotzdem ›*F*‹ quantifiziert, kann sagen, diese Gegenstände seien Eigenschaften; für ihn sind Eigenschaften die Werte von ›*F*‹, die Gegenstände, über die ›*F*‹ läuft. Der verworrenere Logiker wird dagegen sagen, diese Gegenstände, die Werte von ›*F*‹, seien Prädikate. Er beachtet nicht den Unterschied zwischen dem schematischen *Darstellen* von Prädikaten und dem quantifizierenden Reden *über* Prädikate oder gar über Eigenschaften.

Aber auch die Auffassung des ersten Logikers ist nicht haltbar. In Kapitel 1 vertrat ich eindringlich die Auffassung, dass man mit Propositionen nicht arbeiten kann; dasselbe gilt für Eigenschaften. Eigenschaften verhalten sich zu Prädikaten oder offenen Sätzen wie Propositionen zu geschlossenen Sätzen. Man kann nicht, so wenig wie bei den Propositionen, einzelne Eigenschaften unterscheiden. Mengen kann man aufgrund des *Extensionalitätsprinzips* unterscheiden, nach dem zwei Mengen identisch sind, wenn sie dieselben Elemente haben. Bei Eigenschaften lässt sich das nicht durchführen, es sei denn, das Wort ›Eigenschaft‹ wäre fehl am Platze, und man sollte besser von ›Menge‹ sprechen. Offene Sätze, die auf dieselben Gegenstände zutreffen, bestimmen niemals zwei verschiedene Mengen, aber es können ihnen zwei verschiedene Eigenschaften zugrunde liegen. Damit Eigenschaften identisch sind, müssen weiter die offenen Sätze in irgendeinem Sinne synonym sein; aber in Kapitel 1 haben wir die Hoffnung aufgegeben, einen vernünftigen Begriff von Synonymie zu gewinnen.

Daher nehmen einige Logiker Mengen als die Werte von ›*F*‹. Aber auch wenn ihre Werte Mengen sind, bin ich nicht für die Verwendung von Prädikat-Buchstaben als quantifizierte Variablen. Prädikate haben Eigenschaften als ihre »Intensionen« oder Bedeutungen (oder hätten, wenn es Eigenschaften gäbe), und sie haben Mengen als ihre Extensionen; aber sie sind weder Namen des einen noch des anderen. Quantifizierbare Variablen gehören daher nicht an Prädikat-Stellen, sondern an Namen-Stellen.

Anders gesagt: auch wer Eigenschaften zulässt, sollte ›*Fx*‹ nicht als ›*x* besitzt *F*‹ lesen, wodurch ›*F*‹ an der Stelle eines Namens stünde, sondern dafür sollte er ›*x* besitzt *y*‹ schreiben, oder, wenn er für Eigenschaften besondere Variablen haben möchte, ›*x* besitzt ζ‹. Ebenso sollte jemand, der Mengen als Werte von quantifizierbaren Variablen nimmt, ›$x \in y$‹ schreiben, oder, wenn er für Mengen besondere Variablen haben möchte, ›$x \in \alpha$‹. Er sollte ausdrücklich das in Kapitel 4 eingeführte mengentheoretische Analogon benützen. Der Prädikat-Buchstabe ›*F*‹ ist ebenso wie der Satz-Buchstabe ›*p*‹ keine Variable, die Werte annimmt, sondern ein Schema-Buchstabe, für den etwas eingesetzt wird.

Wenn jemand lieber Eigenschaften als Mengen haben möchte, kann er die Quantifikation über Eigenschaften einführen und dann //68// die Quantifikation über Mengen oder etwas Entsprechendes durch eine bestimmte schematische Kontext-Definition einführen. Russell hat diesen Weg eingeschlagen. Die Definition muss dafür sorgen, dass das Extensionalitätsprinzip für die Mengen gilt, aber für die Eigenschaften nicht, denn dieses Gesetz ist der einzige Unterschied zwischen Mengen und Eigenschaften. Aber warum wollte Russell lieber von Eigenschaften als von Mengen ausgehen? Es kam eigentlich so, dass er nicht darauf achtete, an welchem Punkt die unproblematische Darstellung von Prädikaten in der elementaren Logik in ein Sprechen über Eigenschaften umschlug. Der Ausdruck ›Aussagenfunktion‹ (›propositional function‹), den er von Frege übernommen hatte, verschleierte die Verwirrung; Russell gebrauchte ihn manchmal, um sich auf Prädikate zu beziehen, und manchmal, um sich auf Eigenschaften zu beziehen. Als Folge davon glaubten einige, Russell habe die Mengenlehre und damit generell die Mathematik aus der Logik im engeren Sinne abgeleitet.

Die Nachfolger von Hilbert haben die Quantifizierung der Prädikatbuchstaben beibehalten und auf diese Weise den sogenannten Prädikatenkalkül höherer Ordnung gewonnen. Die Werte dieser Variablen sind faktisch Mengen; diese Art der Einführung der Mengenlehre macht sie der Logik täuschend ähnlich. Man hat das Gefühl, dass zu der gewöhnlichen Quantorenlogik gar nichts Besonderes hinzugekommen ist, bloß ein paar Quantoren, die auf bereits vorhandene Prädikatbuchstaben angewandt werden. Um einzusehen, wie falsch dieses Bild sein kann, betrachte man die Hypothese ›$\exists y \forall x (x \in y . \leftrightarrow Fx)$‹: es wird die Existenz einer Menge $\{x\colon Fx\}$ behauptet, die durch einen offenen Satz an der Stelle von ›Fx‹ bestimmt wird. Das ist die Grundannahme der Mengenlehre, die aber auf irgendeine Weise eingeschränkt werden muss, um die Antinomien zu vermeiden. Im sogenannten Prädikatenkalkül höherer Ordnung gerät diese Annahme aus dem Blickfeld Sie heißt ›$\exists G \forall x (Gx \leftrightarrow Fx)$‹ und folgt offensichtlich aus der rein logischen Trivialität ›$\forall x (Fx \leftrightarrow Fx)$‹ durch einen elementaren Schluss. Solange man die Wertebereiche von ›x‹ und ›G‹ auseinander hält, gibt es keine tatsächliche Gefahr einer Antinomie, aber dennoch hat sich ein ansehnliches Stück Mengenlehre unangekündigt eingeschlichen.

5.5 Logik im Wolfspelz

Die ontologischen Ausschweifungen des Mengentheoretikers bleiben also manchmal unbemerkt, da sie als Logik getarnt werden. Gerechterweise müssen wir aber anerkennen, dass es auch die umgekehrte Tendenz gibt, zuviel zuzugeben: die Tendenz, von Mengen oder Eigenschaften zu sprechen, wo die engere Logik völlig ausreichen würde. Diese Tendenz gibt es sogar in der

Umgangssprache; dort dient sie als abgekürzte Redeweise. Man spart sich die Wiederholung eines Satzes, in dem sich nur ein Eigenname ändert, indem man etwa sagt: »Dasselbe trifft auf Eisenhower zu.« Wenn es jemandem einfallen sollte, zu fragen: »Dasselbe was?«, könnte man antworten: »Dieselbe Eigenschaft.« Oder wenn man sagt, es sei ein Merkmal, eine Eigenschaft oder eine Eigenart des geborenen Seemanns, vor der Gewalt //69// des Sturmes nie zu verzagen, dann heißt das nichts anderes, als dass der geborene Seemann vor der Gewalt des Sturmes nie verzagt. Solche scheinbaren Aussagen über Eigenschaften nehmen aber Eigenschaften als Gegenstände nicht in Anspruch und lassen sich leicht umformulieren.

Manches, was unter dem Namen Mengenlehre läuft, lässt sich ebenfalls umformulieren und in der Sprache der elementaren Logik sagen. Das gilt vor allem von der sogenannten Mengenlehre in der »neuen Mathematik«. Die Boolesche Algebra der Vereinigungen, Durchschnitte und Komplemente leistet in anderer Schreibweise dasselbe, was man in der Quantorenlogik mit einstelligen Prädikat-Buchstaben sagen kann. Die Variablen der Booleschen Algebra sind nicht quantifiziert und lassen sich als Schema-Buchstaben für einstellige Prädikate auffassen.

Es lässt sich aber auch etwas zugunsten einer Ausnützung dieser scheinbaren Rede von Mengen sagen. Auf diese Weise kommen wir bis zu einem gewissen Punkt in den Genuss einer Mengenontologie, ohne die ontologische Rechnung bezahlen zu müssen; denn wenn sie uns präsentiert wird, können wir die Scheinmengen als bloße Redeweisen durch Kontext-Definition wegerklären. In dem Maße, wie das Erfolg hat – wie wir uns die Mengen kostenlos nutzbar machen können –, in dem Maße untergraben wir die pragmatischen Argumente für eine Mengenontologie. Wir können so allerdings nicht zeigen, dass eine solche Ontologie völlig überflüssig ist; aber wir können zeigen, dass sie für gewisse Zwecke, für die sie notwendig schien, überflüssig ist, und vielleicht, dass für gewisse andere Zwecke eine schwächere Mengenontologie ausreicht, als man für nötig hielt.

Die zentrale Definition ist eine Kontext-Definition für das Enthaltensein und die Abstraktion zusammen, in der Kombination ›$y \in \{x: Fx\}$‹. Die Methode der Kontext-Definition, die wir schon einige Seiten vorher dargestellt haben, würde diese Kombination als Abkürzung für

(4) $\exists z\,(y \in z\ .\ \forall x\,(x \in z\ . \leftrightarrow Fx))$

definieren, und in einer Mengenlehre, die auch wirklich eine sein will, wäre das ganz in Ordnung; aber für unseren jetzigen Zweck, wo wir in Wirklichkeit keine Mengen einführen wollen, wäre diese Definition nicht tauglich, und zwar aus zwei Gründen. Erstens, wenn wir uns auf den Standpunkt stellen, dass es in Wirklichkeit keine Mengen gibt, dann ist (4) für alle y und für alle Sätze an der Stelle von ›*Fx*‹ falsch, denn es behauptet ja die Existenz einer Menge z. Der Ausdruck ›$y \in \{x: Fx\}$‹ wäre mit dieser Definition immer falsch und damit unbrauchbar. Zweitens kommt in (4) das Prädikat ›$\in$‹ vor, aber wir wollten ja die Mengenlehre mit einer Objektsprache nachahmen, in der keine mengentheoretischen Ausdrücke vorkommen.

Wir brauchen also eine andere Definition für die Kombination ›$y \in \{x: Fx\}$‹. //70// Wir brauchen nicht lange zu suchen; wir nehmen ›*Fy*‹. Wir legen einfach fest, dass wir ›$y \in \{x: Fx\}$‹ anstelle von ›*Fy*‹ schreiben, für jeden Gegenstand y und jeden offenen Satz an der Stelle von ›*Fy*‹.[24]

Wir hätten auch gerne eine Kontext-Definition für den Ausdruck ›$\{x: Fx\} \in y$‹, aber dieser Wunsch muss unerfüllt bleiben. Hier hat unsere Pseudo-Mengenlehre ihre Grenze. Wir bleiben bei dem, was wir mit dem Ausdruck ›$y \in \{x: Fx\}$‹ bewerkstelligen können.

5.6 Die Reichweite der Scheintheorie

Wir können sofort einige bekannte Ausdrücke definieren: ›$\{z\}$‹ durch ›$\{x: x = z\}$‹, ›$\{z, z'\}$‹ durch ›$\{x: x = z$ oder $x = z'\}$‹ und ›Λ‹ durch ›$\{x: \sim (x = x)\}$‹, sowie für die Allmenge: ›V‹ durch ›$\{x: x = x\}$‹. Aber diese Definitionen sind für die Ausdrücke ›$\{z\}$‹, ›$\{z, z'\}$‹, ›Λ‹ und ›V‹ natürlich nur anwendbar, wenn die definierten Ausdrücke hinter einem ›$\in$‹ stehen.

Zur Vereinfachung der weiteren Darstellung führen wir ›α‹, ›β‹ usw. als Schema-Buchstaben an der Stelle von *Abstraktionsausdrücken,* d.h. Ausdrücken von der Form ›$\{x: Fx\}$‹, ein. Da sie schematisch sind, sind diese Buchstaben keine quantifizierbaren Variablen. Nun können wir die Ausdrücke der Booleschen Mengenalgebra leicht definieren:

›$\bar{\alpha}$‹ für ›$\{x: \sim (x \in \alpha)\}$‹,
›$\alpha \cap \beta$‹ für ›$\{x: x \in \alpha \,.\, x \in \beta\}$‹,

›$\alpha \cup \beta$‹ für ›$\{x: x \in \alpha$ oder $x \in \beta\}$‹,
›$\alpha \subseteq \beta$‹ für ›$\sim \exists x\, (x \in \alpha\ .\sim (x \in \beta))$‹.

Wir stellen uns für diese Definitionen eine Standard-Objektsprache mit einem Prädikatenlexikon vor. Wenn ich zur Definition von ›$\{z\}$‹, ›$\{z, z'\}$‹, ›Λ‹ und ›V‹ das Identitätszeichen verwende, so möge ›$x = y$‹ im Sinne von Prädikaten der Objektsprache auf die Weise definiert sein, die wir in (3) weiter oben in diesem Kapitel dargestellt haben. Damit ist ›=‹ nur zwischen Variablen, nicht zwischen Abstraktionsausdrücken (oder ihren Schema-Buchstaben ›α‹, ›β‹ usw.) definiert. Wir können ›=‹ aber auch leicht als Relation zwischen Abstraktionsausdrücken definieren. Da Abstraktionsausdrücke immer nur nach einem ›$\in$‹ auftreten, haben wir sofort, indem wir dieselbe Überlegung wie bei (3) anwenden, ›$\forall x\, (x \in \alpha\ . \leftrightarrow .\ x \in \beta)$‹ als Definition von ›$\alpha = \beta$‹. Oder mit dem Teilmengenzeichen ›$\subseteq$‹, das oben definiert wurde, bekommen wir ›$\alpha \subseteq \beta\ .\ \beta \subseteq \alpha$‹ für ›$\alpha = \beta$‹. Aus der Identität ›$\{x: Fx\} = \{x: Gx\}$‹ wird einfach ›$\forall x\, (Fx \leftrightarrow Gx)$‹.

Jetzt muss ich ein Wort über die Ausdrücke ›Menge‹ und ›Klasse‹ sagen. Früher waren sie austauschbar; dann aber benützte man sie, um eine technische Unterscheidung auszudrücken. //71// Gewisse Mengentheorien schließen die Antinomien dadurch aus, dass sie festlegen, dass gewisse Klassen nicht Elemente von irgendetwas sein können, und reservieren das Wort ›Menge‹ für Klassen, die selbst wieder Elemente sind. Die anderen Klassen nenne ich *Endklassen.* In Mengentheorien, die keine Endklassen kennen, sind ›Menge‹ und ›Klasse‹ weiterhin austauschbar.

Die Definition von ›$y \in \{x: Fx\}$‹ als ›Fy‹ führt nun nicht zu Mengen, sondern zu Endklassen, denn sie sagt nichts über Abstraktionsausdrücke ›$\{x: Fx\}$‹, die links von einem ›$\in$‹ stehen. Deshalb spreche ich von der *Schein-Klassentheorie* oder Theorie der Scheinklassen, nicht der Mengen. Man vergesse aber nicht, dass die Theorie nur simuliert; sie führt keine wirklichen Klassen ein. Denn würde man auch nur eine Endklasse $\{x: Fx\}$ einführen und nicht bloß simulieren, so könnte sie Wert einer quantifizierbaren Variablen sein. Wir könnten dann sagen: $\exists z\, (z = \{x: Fx\})$; wir könnten dann auch jeden allgemeinen Satz der Form ›$\forall z\, Gz$‹ auf ›$\{x: Fx\}$‹ anwenden und schließen, dass $G\{x: Fx\}$. Nach unserer Definition ist das aber nicht möglich.

Angenommen, die Objektsprache spreche wirklich nicht über Klassen; ›$\in$‹ komme im Lexikon nicht vor, und der Gegenstandsbereich bestehe nur aus Einzeldingen, nicht Klassen. Dann führt die Hinzunahme der Schein-Klassentheorie zur Objektsprache dazu, dass Klassen von Einzeldingen simuliert werden, nur dass nicht über sie quantifiziert wird. Es werden aber keine Klassen von Klassen, d.h. Klassen von Mengen, simuliert. Daher gibt es auch keine geordneten Paare. Somit lassen sich die Relationen in der Mengenlehre nicht in der üblichen Weise als Klassen von geordneten Paaren einführen.

Wir können aber die Relationen durch eine ähnliche Definition wie die für ›$y \in \{x: Fx\}$‹ hereinbekommen. Wir können eine Kontext-Definition für den Ausdruck ›$\{xx': Fxx'\}$‹, einen Abstraktionsausdruck für Relationen, aufstellen; dieser Ausdruck soll Name der Relation sein, in der x zu x' steht, wenn Fxx'. Wir definieren ihn für den Fall, dass er in folgendem Kontext vorkommt: y steht in der Relation $\{xx': Fxx'\}$ zu y'; dieser Kontext soll natürlich bedeuten: Fyy'. Auf dieser Grundlage lässt sich eine Schein-Relationentheorie entwickeln, die viel komplizierter ist als die Schein-Klassentheorie.[25]

Große Teile der wirklichen Mengenlehre lassen sich so nicht gewinnen. Wenn wir aber, entgegen der Festsetzung im vorletzten Absatz, im Lexikon der Objektsprache ›$\in$‹ zulassen und in ihrem Gegenstandsbereich wirkliche Klassen in bescheidenem Umfang, dann können wir //72// zusätzlich noch ein bisschen mit der Schein-Klassentheorie herausholen: Scheinklassen und Relationen zwischen wirklichen Klassen.

Wir sahen weiter oben in diesem Kapitel, dass die Grenze zwischen der Logik und der Mengenlehre sehr unklar werden kann. Um das noch zu erhärten, habe ich auf diesen Seiten die Schein-Klassen- und Schein-Relationentheorie skizziert. Ich möchte damit aber nicht sagen, die Grenze sei unwichtig oder undeutlich; im Gegenteil, ich bin der Auffassung, dass sie wichtig und der Klärung wert ist.

Die Schein-Klassen- und Schein-Relationentheorie sind in Wirklichkeit verkappte reine Logik. Sobald wir aber ›$\in$‹ als echtes Prädikat und Klassen als Werte von quantifizierbaren Variablen zulassen, haben wir eine mathematische Theorie vor uns. Wir haben den Bereich der vollständigen Beweismethoden verlassen und einen Bereich betreten, in dem es sogar verschiedene Lehrmeinungen gibt. So ist es kein Fehler der strukturellen Auffassungen der logischen Wahrheit, dass sie die wirkliche Mengenlehre nicht zur Logik rechnen.

5.7 Scheinquantifikation über Klassen

Zu unserer Untersuchung über die Simulation von Gegenständen wurden wir durch unser Interesse für den Status der Mengenlehre veranlasst. Die Pseudo-Mengenlehre ist Logik, die wirkliche Mengenlehre nicht. Die Simulation von Gegenständen ist aber auch unabhängig von dieser Frage interessant und auch für andere Gebiete als die Mengenlehre. Beschäftigen wir uns daher mit ihr noch etwas weiter.

Wenn wir Mengenlehre im vollen Sinne und ohne Simulation treiben, dann übernehmen wir das Vokabular und die Ontologie. Wir übernehmen ›$\in$‹ ins Lexikon und Klassen in den Wertebereich der Variablen. Wenn wir dagegen die Mengenlehre mit einer Schein-Theorie simulieren, dann bilden wir die Lexikonergänzung ›$\in$‹ mit einer Kontext-Definition nach. Ontologisch ist die Simulation folgenlos: wir verwenden Schema-Buchstaben für Klassen, die wie Variablen aussehen, aber wir quantifizieren sie nicht.

Der Gedanke liegt nahe, die Simulation zu verbessern, indem auch die Quantifikation über die simulierten Gegenstände simuliert wird. Können wir uns auf diese Weise weiteren mengentheoretischen Gehalt verschaffen, der über das, was schon die Scheintheorie lieferte, hinausgeht, so wäre das philosophisch ein gutes Geschäft. Denn die Kontext-Definitionen würden die hingeschriebenen Ausdrücke wieder als bloße Redeweisen erklären und sie jederzeit eliminierbar machen.

Bestimmte beschränkte Quantifikationen lassen sich tatsächlich durch Kontext-Definitionen wiedergeben. Angenommen, im Lexikon unserer Objektsprache gebe es 100 einstellige Prädikate: ›P_0‹, ›P_1‹, ..., ›P_{99}‹. Wohlgemerkt, das sind keine Namen. Sie stehen nicht an Stellen, an denen quantifizierte Variablen stehen können. Trotzdem können wir mit einer Kontext-Definition für diese Stellen eine neue Art von quantifizierten Variablen, ›α‹, //73// ›β‹, usw., ausdrücklich einführen. Nehmen wir einen beliebig komplizierten Satz, der das Prädikat ›P_0‹ an einer oder mehreren Stellen enthält. Wir geben den Satz durch ›— — P_0 — —‹ wieder. Dann können wir die neue Existenzquantifikation › $\exists\alpha$ (— — α — —)‹ definieren als Abkürzung für die hundertfache Adjunktion

— — P_0 — — oder — — P_1 — — oder ... oder — — P_{99} — —.

Ähnlich ist ›(α) (— — α — —)‹ eine Abkürzung für eine hundertfache Konjunktion. Damit werden die 100 Prädikate, bloß als Redeweise, Namen für 100 neue Scheingegenstände, die Werte der quantifizierten Variablen ›α‹ sind. Diese Abkürzung können wir für jede Wahl eines Satzes an der Stelle von ›— — P_0 — —‹ und jede der Variablen an der Stelle von ›α‹ anwenden. Prädikate sind jetzt doch Namen geworden, aber nur als Redeweise, die jederzeit wieder umformuliert werden kann.

Wir haben jetzt also 100 neue Scheingegenstände, oder auch weniger, wenn gewisse Prädikate als Namen desselben Gegenstandes genommen werden. Das ist allerdings nur für extensionsgleiche Prädikate möglich, die also auf dieselben Gegenstände zutreffen. Denn wenn es ein x gibt, für das $P_i x$ und ~ $P_j x$ gilt, wollen wir ›P_i‹ und ›P_j‹ nicht als Namen desselben Wertes von ›α‹ ansehen; sonst gälte ja αx und ~ αx.

Können wir auch bei extensionsgleichen Prädikaten noch 100 verschiedene Scheingegenstände haben, deren Namen sie sind? Wir können sicher nicht mehr als 100 Scheingegenstände haben, denn wir wollen ja nicht, dass ein Prädikat mehrere von ihnen bezeichnet. Aber genau 100, so dass auch extensionsgleiche Prädikate verschiedene Gegenstände bezeichnen würden? Damit kommen wir auf einen oben erwähnten Unterschied zurück: den zwischen Eigenschaften und Klassen als den von Prädikaten bezeichneten Gegenständen. Wollen wir Eigenschaften oder Klassen als Scheingegenstände haben?

Es kommt einfach darauf an, wie wir die neuen Ausdrücke ›$P_i = P_j$‹ oder ›$\alpha = \beta$‹ definieren. Das gewöhnliche ›$x = y$‹ sei wieder im Sinne von (3) definiert; aber ›=‹ zwischen Prädikaten als Schein-Namen muss besonders definiert werden. Wir werden ›$P_i = P_j$‹ als Abkürzung für einen langen Satz S_{ij} definieren, der diese beiden Prädikate enthält; dieser Satz wird für zwei beliebige Prädikate außer für i und j derselbe sein; insbesondere wird S_{ii} wahr sein. Wenn man so viel annimmt, erfährt unsere Frage (›Können extensionsgleiche Prädikate verschiedene Scheingegenstände bezeichnen?‹) eine negative Antwort, und zwar wie folgt: //74//

Nehmen wir an, dass unsere Objektsprache die Standardgrammatik (Kap. 2) hat. Damit ist sie *extensional*: d.h. extensionsgleiche Prädikate sind austauschbar *salva veritate*.[26] Kein wahrer Satz dieser Sprache kann falsch werden, wenn ein Prädikat durch ein extensionsgleiches ersetzt wird. Seien nun ›P_i‹ und ›P_j‹ extensionsgleich; dann gilt: solange S_{ii} wahr ist, ist auch S_{ij}

wahr. Damit gilt: ›$P_i = P_j$‹ für extensionsgleiche ›P_i‹ und ›P_j‹. Also sind die Scheingegenstände, deren Namen die Prädikate sind, Klassen, nicht Eigenschaften.

Diese Simulation ist wegen der endlichen Anzahl der Prädikate und damit der Scheinklassen trivial: sie hat nur 100 oder weniger Scheinklassen. So konnten wir uns zur Definition von ›$(\exists\alpha)$‹ und ›(α)‹ der Adjunktion und Konjunktion bedienen. Durch Erweiterung dieser Definitionen könnten wir als weitere Scheinwerte der Variablen alle Klassen hereinbekommen, die sich aus den hundert oder weniger durch die Booleschen Operationen Durchschnitt, Vereinigung und Komplement oder durch andere Operationen gewinnen lassen; auch das sind endlich viele Klassen. Wir wollen uns mit ihnen nicht aufhalten. Statt dessen wenden wir uns einem weiteren, noch trivialeren Beispiel für Kontext-Definitionen der Quantifikation über Scheingegenstände zu.

5.8 Weitere Scheinquantifikation

Sätze sind keine Namen. Sie stehen an Plätzen, an denen keine quantifizierten Variablen stehen können. Trotzdem können wir durch Kontext-Definition leicht eine neue Art von quantifizierten Variablen ›p‹, ›q‹ usw. einführen, die an solchen Plätzen stehen sollen. Nehmen wir einen zusammengesetzten Satz und setzen wir den Buchstaben ›p‹ an die Stelle eines geschlossenen Teilsatzes. Für das Ergebnis schreiben wir ›— — p — —‹. Nun definieren wir die neue Quantifikation ›$\forall p$ (— — p — —)‹ so, dass sie wahr ist genau dann, wenn der Ausdruck ›— — p — —‹ für alle Einsetzungen eines geschlossenen Satzes an der Stelle des Buchstabens ›p‹ wahr ist. Zur Formulierung der Definition denken wir wieder an die Extensionalität der Objektsprache. In Bezug auf geschlossene Sätze bedeutet sie einfach, dass Sätze mit gleichem Wahrheitswert in allen Kontexten *salva veritate* austauschbar sind. Der Ausdruck ›— — p — —‹ ist also für *alle* Einsetzungen anstelle von ›p‹ wahr, wenn er für *zwei* Einsetzungen wahr ist: die eines wahren und die eines falschen Satzes anstelle von ›p‹. Damit können wir ›$\forall p$ (— — p — —)‹ definieren als die Konjunktion

$$— — \exists x\, P_0 x — — . — — \sim \exists x\, P_0 x — —,$$

//75// wobei der geschlossene Satz ›$\exists x\ P_0 x$‹ beliebig gewählt ist. Die Existenzquantifikation ›$\exists p\,(— — p — —)$‹ definieren wir entsprechend durch

$$— — \exists x\, P_0 x — — \text{ oder } — — \sim \exists x\, P_0 x — —.$$

Dadurch werden die geschlossenen Sätze, bloß als Redeweise, Namen von neuen Scheingegenständen, die Scheinwerte der neuen quantifizierbaren Variablen ›p‹ sind. Man kann sich unter ihnen die Wahrheitswerte vorstellen; die wahren Sätze sind Namen des einen Wahrheitswerts und die falschen des anderen. Diese Vorstellung von Sätzen als Namen für Wahrheitswerte geht auf Frege zurück und wird hier als eliminierbare Redeweise eingeführt.

Als nächstes, stärker inhaltliches Beispiel nehmen wir eine Objektsprache für die elementare Zahlentheorie. Sie enthält die Ausdrücke für die Wahrheitsfunktionen und die Quantifikation, die Identität sowie Funktoren für Addition und Multiplikation (die für die Standardgrammatik nach Kapitel 2 auf Prädikate zurückführbar sind). Die Werte der Variablen seien die positiven ganzen Zahlen. Für die Division können wir den Ausdruck ›x/y‹ durch folgende Kontext-Definitionen einführen:

›$x = y/z$‹ und ›$y/z = x$‹ für ›$y = x \cdot z$‹,
›$x/y = z/w$‹ für ›$x \cdot w = y \cdot z$‹,
›$x + y/z$‹ und ›$y/z + x$‹ für ›$(x \cdot z + y)\,/z$‹,
›$x/y + z/w$‹ für ›$(x \cdot w + y \cdot z)\,/\,(y \cdot w)$‹,
›$x \cdot (y/z)$‹ und ›$(y/z) \cdot x$‹ für ›$(x \cdot y)\,/z$‹,
›$(x/y) \cdot (z/w)$‹ für ›$(x \cdot z)/(y \cdot w)$‹.

Man beachte, dass alle Erklärungen auf der rechten Seite mit den Mitteln der Arithmetik der ganzen Zahlen ausgedrückt oder auf diese mittels einer weiteren der angegebenen Definitionen zurückführbar sind.

Jede Gleichung, in der Summen und Produkte von Quotienten oder Quotienten und ganze Zahlen vorkommen, lässt sich mit diesen Kontext-Definitionen so lange umformen, bis schließlich nur noch Summen und Produkte von ganzen Zahlen vorkommen. Damit haben wir gewissermaßen eine Scheintheorie der Quotienten und bis jetzt noch keine Quantifikation über Quotienten. Wir können jetzt aber auch ohne weiteres eine Kontext-Definition für die Quantifikation über Quotienten angeben. Dass etwas für alle (oder mindestens einen) Quotienten *r* gilt, heißt nichts anderes als: es gilt für *x*/*y* bei jeder (oder mindestens einer) //76// Wahl für ganze Zahlen *x* und *y*. Damit kommen wir von der elementaren Theorie der positiven ganzen Zahlen zur elementaren Theorie der positiven Brüche, ohne mehr als eine Redeweise einzuführen. Die Brüche sind bloß neue Scheinzahlen, aber sie sind quantifizierbar.

Anders als bei den zwei vorhergehenden Beispielen für eine Kontext-Definition der Quantifikation über neue Scheingegenstände erlaubt das vorliegende Beispiel eine Quantifikation über unendlich viele Scheingegenstände. Das ist möglich aufgrund einer gewissen Endlichkeit: jeder der unendlich vielen neuen Gegenstände *x*/*y* ist durch endlich viele, nämlich zwei alte Gegenstände bestimmt.

Die Freude über diese kostenlose Ausdehnung des Bereichs der elementaren Zahlentheorie wird etwas gedämpft durch die Tatsache, dass man mit Methoden, auf die ich hier nicht eingehen möchte, die elementare Theorie der Brüche innerhalb der elementaren Zahlentheorie auch ohne die neue Quantifikation darstellen kann. Das ist kein Einzelfall. Die Kontext-Definition der Scheinquantifikation über Scheingegenstände ist im Allgemeinen unproduktiv.

5.9 Suffixe

Die letzte Definition der logischen Wahrheit in Kapitel 4 war erfreulich allgemein. Sie fiel bei der Anwendung auf Objektsprachen der betrachteten Art mit den anderen Definitionen zusammen, aber sie war auch auf andere als Standardsprachen anwendbar. Sie erklärte einen Satz für logisch wahr, wenn alle Sätze mit der gleichen grammatischen Struktur wahr waren. Sehen wir nun zu, wie sich diese erweiterte Definition der logischen Wahrheit verhält, wenn wir die Standardgrammatik in gewissen scheinbar notwendigen Punkten erweitern.

Die Brauchbarkeit unserer Standardgrammatik wurde schon gegen Ende von Kapitel 2 bei der Frage der Adverbien zweifelhaft. Wir erwogen, eine grammatische Kategorie der Adverbien einzuführen sowie eine grammatische Bildungsregel, die aus einem Prädikat und einem Adverb ein zusammengesetztes Prädikat macht. Damit würde der Satz

(5) ~ ∃*x* (*x* läuft schnell . ~ (*x* läuft)),

d.h. ›Alles, was schnell läuft, läuft‹, logisch wahr nach der weiteren Definition, die die logische Wahrheit mit Hilfe der vollen grammatische Struktur bestimmt, nicht jedoch nach der Definition, die sich nur auf Wahrheitsfunktionen und Quantifikation bezieht. Das Beispiel spricht für die weitere Definition.

Die Schemata, die in der formalen Logik so nützlich sind, //77// bedürfen der Ergänzung, um Fälle wie (5) zu decken. Man würde bestimmte Buchstaben als Schema-Buchstaben für Adverbien einführen, und man würde eine Schreibweise für die Verknüpfung von Adverbien und Prädikaten einführen. Und man würde Beweisverfahren angeben, die gültige Schemata der neuen Art erzeugen – darunter ein Schema, das die Struktur von (5) darstellt.

Die zusätzliche Kategorie der Adverbien könnte auch zusammengesetzte Adverbien enthalten, die mit Hilfe weiterer grammatischer Bildungsregeln erzeugt werden. Es könnte eine Bildungsregel geben, die Adverbien aus Prädikaten bildet, z.B. ›schnell‹ aus ›(ist) schnell‹. Dann hätten wir nach der weiten Definition, die die logische Wahrheit mit Hilfe der vollen grammatische Struktur bestimmt, noch weitere logische Wahrheiten, und sie würden wohl mit ebensoviel Recht als solche gelten können wie (5). Die Schema-Schreibweise und die Beweisverfahren müssten entsprechend ergänzt werden.

Dieser ganze zusätzliche logische Apparat für Adverbien wird überflüssig, wenn wir einen Weg finden, die Arbeit der Adverbien mit Hilfe einer bestimmten Umschreibungsmethode, Davidsons Methode oder eine andere, innerhalb der Grenzen der Standardgrammatik zu erledigen. Eine ähnliche Vereinfachung ergab sich schon aus der vierdimensionalen Darstellung, die die Zeiten des Verbums überflüssig machte und die Logik entsprechend vereinfachte. Zurückführung auf die Standardgrammatik heißt Zurückführung auf die Standardlogik, die knappe, aber wirkungsvolle Logik der Wahrheitsfunktionen und Quantoren, die wir so gut verstehen.

Drücken wir eine Theorie in dieser Standardform aus, so programmieren wir gewissermaßen unsere logische Standardrechenmaschine, die dann die logischen Probleme der Theorie erledigt.

Auf einen anderen dem Anschein nach zusätzlichen Zweig der Logik hat mich Peter Geach hingewiesen: die Logik der Komparative. Das Nächstliegende ist: man hängt an ein einstelliges Prädikat das Suffix ›er‹ an und erzeugt so ein zweistelliges Prädikat, das folgenden logischen Gesetzen unterliegt:

(6) $\sim\exists x\, F_{er}xx$,

(7) $\sim\exists x\, \exists y\, \exists z\, (F_{er}xy \,.\, F_{er}yz \,.\, \sim F_{er}xz)$.

Aber es gibt eine semantische Schwierigkeit. Wenn ein Prädikat nicht systematisch unscharf oder eine verkürzte Ausdrucksweise ist und erst im Komparativ präzise wird, kann man gar keinen Komparativ bilden. Die zweistelligen Prädikate ›ist größer als‹ oder ›ist schwerer als‹ sind z.B. völlig in Ordnung; aber wann ist etwas einfach groß oder schwer? In einer logisch gut konstruierten Sprache wäre ›ist größer als‹ ein einfaches zweistelliges Prädikat, und wenn man ›ist groß‹ verwenden will, dann würde man dafür schreiben: ›ist größer als‹, gefolgt von der Bezeichnung eines passenden Vergleichsgegenstands. Damit wäre das Suffix ›er‹ keine Partikel, //78// die in einem Bildungsschritt vorkommt, sondern ein Bestandteil bestimmter einfacher zweistelliger Prädikate, die, wie (6) und (7) ausdrücken, irreflexiv und transitiv sind.

Der Superlativ bringt kein neues Problem; er ist im Prinzip entbehrlich. ›$F_{est}x$‹ lässt sich so umschreiben:

$$\exists y\, F_{er}xy \,.\, \sim\exists y\, F_{er}yx.$$

Gegen Ende von Kapitel 2 machten wir ein paar wenig aufschlussreiche Bemerkungen über Einstellungen zu Aussagen und über Modalitäten. Wir stellten fest, dass sie nicht mit Wahrheitsfunktionen und Quantoren wiedergegeben werden können. Damit war die Extensionalität dahin; extensionsgleiche Prädikate waren nicht mehr austauschbar. Daran ist nichts Abwegiges, aber es macht die logische Theorie komplizierter. Bedenklicher ist das am Ende von Kapitel 2 festgestellte Fehlen der Austauschbarkeit selbst für die beiden Glieder einer Identität wie ›Cicero = Tullius‹. Das läuft der eigentlichen Bedeutung der Identität zuwider, außer an Stellen, an denen die Namen nicht einfach die entsprechenden Gegenstände bezeichnen sollen. Genau genommen, wird das Fehlen der Austauschbarkeit in dieser Form natürlich nicht akut, wenn wir auf Namen verzichten; aber wie gegen Ende von Kapitel 2 angedeutet, tritt es in komplizierterer Form im Zusammenhang mit Variablen auf.

An jener Stelle machten wir vor der Frage einer speziellen Grammatik, die mit den Problemen der Identität und der Variablen fertig wird, halt. Wir deuteten aber drei allgemeine Möglichkeiten an, wie man zu einer Grammatik der Einstellungen gegenüber Aussagen kommen kann. Die eine war die Bildung von Namen aus Sätzen; eine andere war die Bildung von einstelligen Prädikaten aus zweistelligen Prädikaten und Sätzen; die dritte war die Bildung von einstelligen Prädikaten aus Einstellungsausdrücken und Sätzen. Jeder dieser drei Wege erfordert unter unserer erweiterten Auffassung der logischen Wahrheit eine bestimmte Erweiterung der logischen Schema-Schreibweise.

An dieser Stelle ist es lehrreich, noch eine vierte Möglichkeit für den Aufbau einer Grammatik der Einstellungen zu Aussagen zu betrachten. Da nur wenige Einstellungsausdrücke nötig sind, kann man auf eine Lexikon-Kategorie für sie verzichten und die Einstellungsausdrücke als Partikeln in Bildungsregeln betrachten, die aus einem Satz ein einstelliges Prädikat machen. Eine dieser Bildungsregeln, die Bildungsregel für Meinungen, würde Prädikate von der Form ›meint, dass *p*‹ liefern, eine andere, die Bildungsregel für Wünsche, Prädikate von der Form ›wünscht, dass *p*‹, usw. Demnach würden ›meint, dass‹ und ›wünscht, dass‹ ebenso //79// wie ihre enthaltsameren Vorgänger ›~‹, ›.‹, ›∃*x*‹ in die logischen Schemata eingehen.

In gewisser Hinsicht scheint das nicht ganz passend. Aus logischer Sicht scheinen die Einstellungsausdrücke ›meint, dass‹ und ›wünscht, dass‹ irgendwie zu inhaltsreich, als dass man sie als rein logische Partikeln ansehen möchte. Aber unter grammatischem Blickwinkel hat man auch den Eindruck, dass die Einstellungsausdrücke zu inhaltsreich sind, um als grammatische Partikeln gelten zu können; sie gehören ins Lexikon. Diese Intuitionen, so ungenau sie sind, treffen sich. Ich sehe hier eine neue Bestätigung für unsere Definition der logischen Wahrheit auf der Grundlage der grammatischen Struktur.

Legen wir also diese merkwürdige vierte Möglichkeit für die Grammatik der Einstellungen beiseite. Es bleiben die drei anderen. Welche man auch wählt, das Ergebnis ist eine ziemlich schwerwiegende Erweiterung der Grammatik für eine seltsamerweise geringfügige Erweiterung der Logik. Schön, wir bekommen neue Schemata, vielleicht solche, in denen Ausdrücke wie ›*Fx* (dass *p*)‹ vorkommen, wo ›*F*‹ an der Stelle eines zweistelligen Prädikats wie ›meint‹ steht. Aber welche derartigen Schemata sind gültig? In dieser Hinsicht geben die Modalitäten mehr her. Wir bekommen unter anderem das gültige Schema ›~ (~ *p* . notwendig *p*)‹. Ferner erhalten wir aus jedem gültigen Schema ein weiteres durch Voranstellen von ›notwendig‹, z.B. ›notwendig (*p* oder ~ *p*)‹ aus ›*p* oder ~ *p*‹.

Wenn eines Tages einmal die Einstellungen mit einem klareren Begriffsapparat erfasst werden können, dann werden sich vielleicht nebenbei einige Gesetze für das Gebiet ergeben. Ein begrüßenswertes Ergebnis wäre natürlich, dass man mit einem geschickt gewählten Lexikon und einer geschickt gewählten Ontologie das Problem im Rahmen der Standardgrammatik lösen könnte. In diesem Fall wären die sich ergebenden Gesetze nicht als logische zu betrachten.

Wenn man im Rahmen der Standardgrammatik bleiben kann, hat das große Vorteile: die Extensionalität; die Leistungsfähigkeit und Eleganz der Logik der Wahrheitsfunktionen und Quantifikationen; die Vollständigkeit ((B) aus Kap. 4), über die wir in Kapitel 6 mehr sagen werden; die eindrucksvolle Übereinstimmung der verschiedenen Definitionen der logischen Wahrheit aus Kapitel 4, die alle dieselbe Klasse von Sätzen als logisch wahr auszeichnen, solange wir uns an die Standardgrammatik halten und ein hinreichend starkes Vokabular zugelassen wird. Diese Übereinstimmung deutet darauf hin, dass wir da etwas Präzises und Bedeutsames im Griff haben. //80//

6. ABWEICHENDE LOGIKEN

6.1 Logikwechsel, Themawechsel

Im vorhergehenden Kapitel haben wir die Grenzen der Logik diskutiert: Wo soll in der gesamten Wissenschaft am besten die Grenze liegen zwischen dem, was Logik heißen soll, und dem, was besser einen anderen Namen haben sollte? Wir haben auch bestimmte ergänzende Entwicklungen außerhalb dieses wohlbestimmten Gebietes betrachtet, die, sofern sie überhaupt zur Wissenschaft gehören sollen, auch unter die Logik fallen würden. Mögliche Angriffe auf das Hauptgebiet haben wir nicht betrachtet. Damit wollen wir uns jetzt beschäftigen: die mögliche Infragestellung der orthodoxen Logik der Wahrheitsfunktionen oder der Quantifikation zugunsten einer abweichenden Logik.

Für die orthodoxe Logik selber gibt es viele verschiedene Systeme. Die Unterschiede zwischen ihnen sind allerdings nicht so beschaffen, dass sie zu abweichenden Logiken führen. Dieselbe Logik wird nur verschieden dargestellt, und es werden verschiedene »Rechenmaschinen« (Beweismethoden) herangezogen. Man lege auf irgendeine Weise die Gesamtheit der logischen Wahrheiten fest, dann hat man die Logik festgelegt. Welche logischen Wahrheiten man als Axiome festlegt, und welche Regeln man für die Erzeugung der übrigen aus diesen benützt, ist gleichgültig; ja sogar, ob man überhaupt die axiomatische Methode oder irgendeine andere Beweismethode oder gar keine anwendet. Die Abweichungen, die wir jetzt betrachten wollen, berühren mehr den Kern der Sache. Es handelt sich nicht um andere Methoden, um die Klasse der logischen Wahrheiten zu erzeugen, sondern um eine Änderung dieser Klasse selbst. Es handelt sich auch nicht um die Abgrenzung zwischen logischen und außerlogischen Wahrheiten. Es geht //81// vielmehr um die Zurückweisung eines Teils unserer Logik als gar nicht wahr.

Ist der Gedanke einer abweichenden Logik nicht von vornherein unsinnig? Wenn die Logik nicht stimmt, was stimmt dann überhaupt? Welche höhere Instanz könnte die Logik der Wahrheitsfunktionen oder der Quantifikation abschaffen?

Stellen wir uns vor, jemand verträte eine heterodoxe Logik, in der die ganzen Gesetze, die bis jetzt für die Adjunktion galten, nun für die Konjunktion gelten, und umgekehrt. Natürlich würden wir diese Abweichung als eine bloße Frage der Bezeichnung und der Phonetik ansehen. Aus irgendeinem dunklen Grunde, wenn überhaupt aus einem, hat sich dieser Mann darauf verlegt, statt ›oder‹ ›und‹ zu schreiben und umgekehrt. Wir unterstellen ihm unsere orthodoxe Logik oder zwingen sie ihm auf, indem wir seine abweichende Ausdrucksweise übersetzen.

Könnte das falsch sein? Meint er mit seinem ›und‹ vielleicht doch die richtige Konjunktion wie wir, und mit seinem ›oder‹ die richtige Adjunktion, und hat bloß andere Ansichten auf dem Gebiet der logischen Theorie in Bezug auf die Gesetze der Konjunktion und der Adjunktion? Natürlich wäre dieser Gedanke unsinnig. Es gibt kein Wesen der Konjunktion und Adjunktion über die Laute und Zeichen und die Gesetze für ihren Gebrauch hinaus.

Ein anderer beliebter Gedanke: wie, wenn jemand das Gesetz des ausgeschlossenen Widerspruchs ablehnte und gelegentlich einen Satz und seine Negation beide als wahr betrachtete? Man hört darauf die Entgegnung, das würde jegliche Wissenschaft unmöglich machen. Jede Konjunktion von der Form ›$p . {\sim}p$‹ impliziert logisch jeden beliebigen Satz; nimmt man daher einen Satz und seine Negation als wahr an, so müsste man jeden Satz als wahr anerkennen, und damit wäre jede Unterscheidung zwischen Wahr und Falsch dahin.

Dem wird entgegengehalten, diese völlige Trivialisierung lasse sich vielleicht durch gewisse ausgleichende Maßnahmen verhindern, die die wahllose Ableitbarkeit jedes beliebigen Satzes aus einer Inkonsistenz ausschließen; vielleicht, so wird vorgeschlagen, könnten die Widersprüche isoliert, aber doch in die neue Logik einbezogen werden.

Meine Ansicht über diesen Streit ist, dass keine Seite weiß, wovon sie eigentlich redet. Man glaubt, man spräche über die Negation, ›~‹, ›nicht‹; aber dieses Zeichen hat eben nichts mehr mit der Negation zu tun, wenn man Konjunktionen von der Form ›$p . {\sim}p$‹ als wahr betrachtet und nicht jeden beliebigen Satz aus ihnen folgen lässt. Das ist die missliche Lage des abweichenden Logikers: wenn er die Theorie ändern will, dann wechselt er nur das Thema. //82//

6.2 Die Logik bei der Übersetzung

Stellen wir uns etwas weniger Phantastisches vor: man will eine unbekannte Sprache anhand des beobachtbaren Verhaltens analysieren. Wenn jemand, dessen Muttersprache diese Sprache ist, einem zusammengesetzten Satz, aber nicht einem seiner Bestandteile zustimmt, dann ist das ein Grund, den zusammengesetzten Satz nicht als Konjunktion aufzufassen. Stimmt er einem Bestandteil, aber nicht dem zusammengesetzten Satz zu, so ist das ein Grund, den zusammengesetzten Satz nicht als Adjunktion aufzufassen. Wir unterstellen ihm unsere orthodoxe Logik, oder wir zwingen sie ihm auf, indem wir seine Sprache so übersetzen, dass sie in unsere Logik passt. Wir bauen unsere Logik in unsere Übersetzungsregeln ein. Und das ist auch gar kein Fehler. Unsere Übersetzung muss sich auf irgendetwas stützen, und was wäre geeigneter?

Nicht nur die Logik ist in die Übersetzungsregeln eingebaut. Stimmen die Sprecher der Sprache einem bestimmten Satz nicht zu, während es regnet, dann haben wir Grund genug, ihn nicht mit ›Es regnet‹ zu übersetzen. Wenn der Sprecher der Sprache nicht geneigt ist, einem bestimmten Satz zuzustimmen, dann werden wir ihn natürlich nicht so auffassen, dass er etwas aussagt, was dem Sprecher der Sprache zu dieser Zeit als offensichtlich wahr erscheinen dürfte. Das sind die ganzen Daten, die wir beachten müssen, wenn wir eine Sprache aufgrund des beobachtbaren Sprechverhaltens entziffern wollen.

Immerhin geht die Logik stärker in die Übersetzung ein als andere systematische Teile der Wissenschaft. Der Unterschied liegt darin, wie sehr es sich um Evidentes handelt. Ich schicke voraus, dass ich das Wort ›evident‹ in einem ganz gewöhnlichen verhaltenswissenschaftlichen Sinne verstehe, ohne erkenntnistheoretischen Nebensinn. Wenn ich ›1 + 1 = 2‹ für eine Sprachgemeinschaft evident nenne, dann meine ich lediglich, dass so gut wie jeder ohne Zögern zustimmen wird, aus welchen Gründen auch immer; und wenn ich ›Es regnet‹ unter bestimmten Umständen evident nenne, dann meine ich, dass jeder unter diesen Umständen zustimmen wird.

Wir müssen also bei der Übersetzung einer fremden Sprache darauf sehen, dass die evidenten Sätze in wahre und nach Möglichkeit auch evidente Sätze unserer eigenen Sprache übergehen; das ist der Punkt, den wir bemerkt haben. Dieses Prinzip – ›das Evidente erhalten‹ – genügt nun – jedenfalls was den Wahrheitswert anbetrifft –, um unsere Übersetzung *einiger* Sätze auf praktisch jedem kleinen Wissensgebiet festzulegen. Einige sind auf jeden Fall evident (wie ›1 + 1 = 2‹) oder unter bestimmten Umständen evident (wie ›Es regnet‹). Auf jedem dieser Gebiete wird es aber zugleich andere Sätze geben, die nicht evident sind und deren Übersetzung daher nicht so festliegt.

In dieser Hinsicht ist die Logik ausgezeichnet: Jede logische Wahrheit ist evident, tatsächlich oder der Möglichkeit nach. Das heißt: Sie ist entweder so, wie sie dasteht, evident; oder sie kann, ausgehend von einer solchen evidenten Wahrheit, durch eine Folge von //83// je evidenten Schritten erreicht werden. Damit wiederholen wir einige Bemerkungen aus Kapitel 4: Die Logik mit Quantifikation und Identität besitzt vollständige Beweisverfahren, von denen einige aus ganz offensichtlich wahren Sätzen andere Sätze in Schritten ableiten, die ganz offensichtlich die Wahrheit erhalten.

Die Logik ist also in einem negativen Sinne bei der Übersetzung garantiert: Das Prinzip ›das Evidente erhalten‹ schließt jede Übersetzung aus, die die fremde Sprache als unserer Logik widersprechend darstellen würde (abgesehen höchstens von korrigierbaren Irrtümern bei komplizierten Sätzen). Das Negative an dieser Garantie ist, dass nicht notwendig allen unseren logisch wahren Sätzen wahre Sätze der fremden Sprache entsprechen; einige könnten unübersetzbar sein.

6.3 Das Gesetz des ausgeschlossenen Dritten

Ein Punkt, der bei der Frage der abweichenden Logiken untersucht werden muss, ist das Gesetz des ausgeschlossenen Dritten, *tertium non datur*, das von mancher Seite in Frage gestellt worden ist. Es lässt sich verschieden formulieren:

(1) Jeder geschlossene Satz ist wahr oder falsch,
(2) Jeder geschlossene Satz oder seine Negation ist wahr,
(3) Jeder geschlossene Satz ist wahr oder nicht wahr.

Wir können Bestandteile einsparen, indem wir die Falschheit als die Wahrheit der Negation definieren. Damit geht (1) in (2) über. (3) sieht schwächer aus als (2) und gilt, anders als (2), auch für offene Sätze, ja Fragen oder Befehle, und es gilt auch, wenn wir statt ›wahr‹ ›kurz‹ oder ›musikalisch‹ sagen. (3) hat die Form › $\forall x$ (wenn *Fx*, dann *Gx* oder ~*Gx*)‹, und dieser Satz ist wahr wegen der Wahrheit von ›*p* oder ~*p*‹. Was heißt es aber, ›*p* oder ~*p*‹ gültig zu nennen? Nichts anderes, als dass es mit jedem geschlossenen Satz an der Stelle von ›*p*‹ wahr ist. Das läuft aber auf (2) hinaus, so will es scheinen, so dass (2) und (3) doch nicht verschieden stark wären. Schematisch lautet das Gesetz des ausgeschlossenen Dritten einfach ›*p* oder ~*p*‹.

Diese triviale Akrobatik zeigt sehr gut, wie sinnlos es ist, innerhalb der logischen Wahrheiten noch eine besondere Äquivalenz zwischen einigen erkennen zu wollen. Aus Kapitel 4 wissen wir, dass die logische Äquivalenz unterschiedslos zwischen allen logischen Wahrheiten gilt.

Nach unseren Überlegungen etwas weiter oben gilt: wer das Gesetz des ausgeschlossenen Dritten ablehnt, der spricht einfach von etwas anderem. Das soll nicht heißen, dass er das nicht tun sollte. Wenn er ›*p* oder ~*p*‹ ablehnt, dann gibt er die klassische Negation oder vielleicht die Adjunktion oder beides auf, und dafür hat er vielleicht seine Gründe. //84//

In der mehrwertigen Logik gelten die klassische Negation und Adjunktion nicht mehr. Sie wurde im letzten Jahrhundert ein Stück weit von C. S. Peirce entwickelt, später unabhängig von Łukasiewicz. Sie entspricht der wahrheitsfunktionalen Logik, nur dass sie statt Wahr und Falsch drei oder mehr Wahrheitswerte unterscheidet. Sie wurde zunächst aus rein mathematischen Gründen entwickelt; man wollte Analogien und Verallgemeinerungen untersuchen. So aufgefasst, ist die mehrwertige Logik nur per Analogie eine Logik; sie ist eine uninterpretierte Theorie, abstrakte Algebra.

Manchmal wird aber die dreiwertige Logik als eine verbesserte Logik angesehen. Ihre drei Wahrheitswerte heißen Wahrheit, Falschheit und etwas dazwischen. Eine Negation macht aus »wahren« Sätzen falsche, aus falschen wahre und aus mittleren mittlere. Hier gilt das Gesetz des ausgeschlossenen Dritten natürlich nicht. Wir dürfen aber nicht vergessen, wenn wir diese abweichende Logik als echte Logik anerkennen, dass die Bedeutung der Ausdrücke ›wahr‹, ›falsch‹ und ›Negation‹ nur noch eine gewisse Ähnlichkeit mit ihrer Bedeutung in unserer Logik hat. Das Gesetz des ausgeschlossenen Dritten ist also insofern nur dem Namen nach ungültig.

Können wir das Gesetz des ausgeschlossenen Dritten durch Änderung der Terminologie dem Namen nach retten? Es scheint, nicht. Nennen wir die neuen Wahrheitswerte 1, 2, 3. Wir können die Werte 2 und 3 unter dem Namen ›falsch‹ zusammenfassen; dann ist jeder geschlossene Satz, wie in der zweiwertigen Logik, »wahr« oder »falsch«. Und wenn wir zur Einsparung von Ausdrücken die Falschheit als die Wahrheit der Negation definieren, dann sieht es so aus: Wert 1 ist die Wahrheit; die Negation führt von den Werten 2 und 3 nach 1 und von 1 nach 2 oder 3. Aber da müssen wir uns entscheiden, wenn die Negation eine Wahrheitsfunktion sein soll: sie muss von 1 immer nach 2 oder immer nach 3 führen. Dann ist aber das Gesetz der doppelten Negation dahin. Denn führe die Negation stets von 1 nach 2, dann führt die doppelte Negation von 3 über 1 nach 2 statt nach 3 zurück. Die nominelle Rettung des Gesetzes des ausgeschlossenen Dritten zerstört also das Gesetz der doppelten Negation. Man kann es versuchen, wie man will, die dreiwertige Logik bleibt ihrer Form treu: sie hebt die klassische Zweiheit von Wahr und Falsch oder die klassische Negation auf.

Es fällt schwer, etwas so Grundlegendes aufzugeben. Wenn jemand die klassische Negation in Zweifel zieht, so sind wir versucht, sie zu verteidigen, indem wir sagen, die Negation eines geschlossenen Satzes sei so *definiert*, dass sie genau dann wahr ist, wenn der Satz nicht wahr ist. Das verleiht der Negation sehr wohl eine Bedeutung, derart, dass eben jeder geschlossene Satz oder seine Negation wahr ist. Aber unsere Verteidigung ist eine *petitio principii*, das müssen wir dem Abweichler zugeben. Wenn wir die //85// Negation so definieren, dass sie wahr sei genau dann, wenn der betreffende Satz nicht wahr ist, dann verwenden wir ja gerade das klassische ›nicht‹, das der Abweichler ablehnt.

6.4 Die Diskussion über die Zweiheit Wahr – Falsch

Geben wir also zu, dass der Abweichler unsere klassische Zweiheit von Wahr und Falsch sinnvoll anzweifeln kann. Aber warum tut er das eigentlich? Im Laufe der Zeit wurden schlechte und bessere Gründe angeführt. Der schlechteste ist, die Dinge seien nicht bloß schwarz oder weiß, es gebe Zwischenstufen. Es ist kaum einzusehen, dass das gegen die klassische Negation sprechen sollte; es ist aber fahrlässigerweise in der Literatur behauptet worden.

Kaum besser ist die Begründung, die Wissen und Wahrheit verwechselt. Natürlich gibt es viele Sätze zwischen denen, von denen wir wissen oder auch nur glauben, dass sie wahr seien, und denen, von denen wir wissen oder auch nur glauben, dass sie falsch seien; aber wir können uns auf den Standpunkt stellen, dass jeder dieser Sätze entweder wahr oder falsch ist, auch wenn wir es nicht wissen. Ein Teil des Problems liegt vielleicht einfach in der Verwechslung von: (a) man weiß, dass etwas wahr oder falsch ist, und (b) man weiß, dass etwas wahr ist, oder man weiß, dass es falsch ist.

Eine ernster zu nehmende Begründung stützt sich auf die Antinomien der Mengenlehre und der Semantik. Betrachten wir wieder Russells Klasse $\{x: \sim (x \in x)\}$ und den Satz, der aussagt, diese Klasse sei ein Element von sich selbst. Es wird vorgeschlagen, solchen Sätzen den mittleren Wahrheitswert zuzuschreiben. Der vorher so beunruhigenden Äquivalenz dieser Sätze mit ihren Negationen kann man jetzt gelassen ins Auge sehen – jetzt handelt es sich ja um die neue Negation der dreiwertigen Logik.

Dieser Vorschlag wurde 1939 von Bočvar gemacht. Hier liegt nicht gerade eine Verwechslung zugrunde, aber trotzdem bin ich von der Idee nicht begeistert. Sie läuft einem im Allgemeinen sehr vernünftigen Prinzip zuwider, das ich das Prinzip der minimalen Verstümmelung nenne. Die klassische Logik der Wahrheitsfunktionen und Quantoren enthält keine Antinomien und ist ein Muster an Klarheit, Eleganz und Leistungsfähigkeit. Die Antinomien entstehen erst in der Mengenlehre und der Semantik. Versuchen wir also, sie innerhalb der Mengenlehre und Semantik zu bereinigen, statt andere fruchtbare Theorien lahmzulegen.

Ein anderer Einwand gegen das Gesetz des ausgeschlossenen Dritten kam aus der Physik; er bezieht sich auf Heisenbergs paradoxes Unbestimmtheitsprinzip in der Quantenmechanik. Bestimmte Größen können nicht gleichzeitig gemessen werden, und das liegt nicht an der menschlichen Unzulänglichkeit, sondern ist ein physikalisches Gesetz. Damit scheint es überflüssig, ja irreführend, einen logischen Apparat aufrechtzuerhalten, in dem die unbeantwortbaren Fragen formuliert werden können. Birkhoff und von Neumann schlugen 1936 einen abgeschwächten Ersatz für die wahrheitsfunktionale Logik vor. Es //86// fehlt die klassische Negation und damit das Gesetz des ausgeschlossenen Dritten. Es handelt sich nicht um eine mehrwertige Logik; sie ist überhaupt nicht mehr wahrheitsfunktional. Andere Vorschläge von Rosser und Destouches dagegen, die denselben Zweck verfolgen, verwenden eine dreiwertige Logik.

Die meisten Quantentheoretiker haben diese Vorschläge ad acta gelegt. George Mackey hat die Logik von Birkhoff und von Neumann in gewissem

Umfang angewendet. Doch Popper behauptete kürzlich, diese Logik erfülle ihren Zweck nicht.

Welche technischen Vorteile sie auch haben mag, ich möchte hier wieder warnend auf das Prinzip der minimalen Verstümmelung verweisen. Ich lege zwar den Forderungen der Physik mehr Gewicht bei als denen der Mengenlehre, denn ich sehe eine Rechtfertigung für die Mathematik nur in dem, was sie zur Realwissenschaft beiträgt, und die Physik steht den Beobachtungsdaten näher als die Mengenlehre. Doch auf jeden Fall sollten wir die Kosten einer abweichenden Logik nicht unterschätzen. Man verliert viel an Einfachheit, besonders dann, wenn die neue Logik nicht mehr eine mehrwertige wahrheitsfunktionale Logik ist. Und, was noch schwerer wiegt, die abweichende Logik ist viel ungewohnter. Denken wir noch einmal an die etwas weiter oben herausgestellte *petitio principii* bei dem Versuch, die klassische Negation zu verteidigen. Das ist nur eine Andeutung der Schwierigkeiten, wenn man in einer abweichenden Logik denken soll. Die Kosten sind vielleicht nicht unerschwinglich, aber der Nutzen könnte größer sein.

Vorhin hatten wir als zweitdümmsten Einwand gegen das Gesetz des ausgeschlossenen Dritten die Verwechslung von Wahrheit und Wissen angeführt. Der quantenmechanische Einwand scheint dem ähnlich, aber er macht sich keiner Verwechslung schuldig. Er möchte die zulässigen Fragen nicht allzuweit über das Beantwortbare hinausschießen lassen. Das ist ein vernünftiges Argument, aber es gibt eben noch andere Gesichtspunkte, vor allem die Einfachheit. Der Wissenschaftler lässt viele Sätze als sinnvoll zu, die mit keiner möglichen Beobachtung besonders zusammenhängen. Er tut das, um die Theorie abzurunden und zu vereinfachen, so wie der Mathematiker die irrationalen Zahlen einführt, um die Arithmetik abzurunden und das Rechnen zu vereinfachen, und wie der Grammatiker Sätze wie Carnaps ›Dieser Stein denkt jetzt über Wien nach‹ und Russells ›Die Vierfachheit trinkt Verzögerung‹ zulässt, um die Grammatik abzurunden und zu vereinfachen. Ein Gesichtspunkt ist sicher: je weniger solcher Ballast, desto besser; aber wenn die Logik komplizierter werden soll, damit in der Quantenmechanik Ballast abgeworfen werden kann, dann spricht dieser Gesichtspunkt doch wohl dagegen. Der Ballast muss doch sehr nützlich sein, indem er eine abgerundete, elegante Theorie ermöglicht, und dann soll man ihn lieber behalten als abwerfen. //87//

6.5 Der Intuitionismus

Am bekanntesten ist nicht die quantenmechanische Opposition gegen das Gesetz des ausgeschlossenen Dritten, sondern die *intuitionistische*, die von dem Mathematiker L. E. J. Brouwer angeführt wird. Auch hier geht es um die Verringerung der Diskrepanz zwischen akzeptierten Fragen und möglichen Antworten. Beispielsweise wollen die Intuitionisten eine Adjunktion nicht behaupten, wenn man nicht weiß, wie man entscheiden soll, welcher der Teilsätze wahr ist.

Wir haben die Ablehnung des Gesetzes des ausgeschlossenen Dritten, ›*p* oder ~*p*‹, im Wesentlichen als Ablehnung der klassischen Negation dargestellt. Jetzt habe ich als den Angriffspunkt der Intuitionisten die Adjunktion dargestellt. In Wirklichkeit kann man gar keine solche Unterscheidung machen. Wenn man einmal die Beziehungen zwischen den logischen Operatoren umwirft, dann kann man jeden beliebigen oder alle als geändert betrachten. Immerhin ist die intuitionistische Negation auch für sich allein abweichlerisch: es gibt kein Gesetz der doppelten Negation.

Erinnern wir uns, dass die Namen und Bezeichnungen der Negation und Adjunktion auf eine abweichende Logik wie die des Intuitionismus nur aufgrund grober und einigermaßen willkürlicher Analogien übertragbar sind. Um auf eine Unterscheidung aus Kapitel 2 zurückzukommen: Negation und Adjunktion sind immanent, nicht transzendent. Der Intuitionist ist nicht anderer Ansicht über die Gesetze für bestimmte feste logische Operationen, die Negation und die Adjunktion. Vielmehr bekämpft er unsere Negation und Adjunktion als wissenschaftlich unbrauchbare Begriffe und schlägt andere vor, die mit unseren eine gewisse Ähnlichkeit haben.

Der intuitionistischen Logik fehlt die Vertrautheit, die Handlichkeit, die Einfachheit und die Schönheit unserer Logik. Wie die Logik von Birkhoff und von von Neumann hat sie nicht einmal die Durchsichtigkeit einer mehrwertigen wahrheitsfunktionalen Logik. Ihre Satzverknüpfungen haben eine Art intuitive Bedeutung, die mit Hilfe von Wörtern und Wendungen wie ›widerlegen‹ und ›aus ... folgen‹ erklärt wird. Diese Erklärungen werden aber unklar, wenn man den Unterschied zwischen dem Aussprechen eines Satzes und dem Sprechen über diesen Satz aufrechterhalten will. Man kann diese Erklärungen genauso gut übergehen und sich gleich Heytings Axiomatisierung der intuitionistischen Logik zuwenden; dann lernt man sie mit der sogenannten direkten Methode der Sprachlehrer statt durch Übersetzung.

Der Intuitionismus ist älter als Gödels Beweis, dass es für die Zahlentheorie kein vollständiges Beweisverfahren gibt. Diese große Entdeckung gibt aber der intuitionistischen Opposition weiteren Auftrieb. Ein Überschuss der zugelassenen Fragen über die möglichen Antworten erscheint als besonders unerträglich, wenn es sich um mathematische Fragen handelt und die Antworten mathematisch unmöglich sind.

Der Intuitionismus ist eine Schule des *Konstruktivismus,* //88// der sich in der Mathematik gegen Methoden wendet, nach denen die Existenz von Gegenständen behauptet wird, ohne zu zeigen, wie man einen von ihnen auffinden kann. Das ist keine genaue Definition des Konstruktivismus; es gibt gar keine, oder jedenfalls nicht nur eine. Mein ungenauer Ausdruck ›auffinden‹ kann im Falle der Zahlen ›berechnen‹ bedeuten, im Falle geometrischer Figuren oder Mengen ›konstruieren‹ in irgendeinem Sinne. Nun ist der Konstruktivismus, in irgendeinem solchen Sinne, vernünftig und vorbildlich. Er fördert das Verständnis dessen, was man im Rahmen seiner Beschränkungen machen kann. Auch sprechen die mengentheoretischen Antinomien für den Konstruktivismus; was man auf seinem Boden erreichen kann, ist ziemlich klar gefeit gegen die Widersprüche, die draußen lauern. Auch solche Mathematiker, die nichtkonstruktive Methoden anerkennen und anwenden, halten es für einen Fortschritt, wenn für einen Satz, der bisher nur nichtkonstruktiv bewiesen war, ein konstruktiver Beweis gefunden wird.

Nun kann man ziemlich konstruktivistisch vorgehen und das auch propagieren, ohne sich auf den Boden der intuitionistischen Logik zu stellen. Weyls konstruktive Mengenlehre ist fast so alt wie Brouwers Intuitionismus und verwendet die orthodoxe Logik; konstruktivistisch ist sie nur in ihren Axiomen über die Existenz von Mengen. Sie trägt den konstruktivistischen Bedenken Rechnung, ohne auf die Handlichkeit und Schönheit der klassischen Logik zu verzichten.

Bis jetzt habe ich mich mit Abweichungen von der zweiwertigen Logik der Wahrheitsfunktionen beschäftigt. Es gibt aber auch Abweichungen in Bezug auf die Quantoren. Nach meiner vagen Kennzeichnung des Konstruktivismus kann man erwarten, dass eine intuitionistische Existenzquantifikation die Kenntnis eines Weges verlangt, wie man einen Fall berechnen oder sonst wie konstruieren kann, in dem der Satz zutrifft. Insofern unterscheidet sie sich von unserer Quantifikation.

Es gibt eine bekannte und leicht einsichtige Verbindung zwischen der Existenzquantifikation und der Adjunktion sowie zwischen der Allquantifikation und der Konjunktion. Eine Existenzquantifikation entspricht der Adjunktion der sie wahr machenden singulären Sätze – falls die quantifizierte Variable endlich viele Werte hat, die alle einen Namen haben. Entsprechendes gilt für die Allquantifikation und die Konjunktion. Man beachte, dass sich hier die intuitionistischen Gegenstücke von Existenzquantifikation und Adjunktion wiederum entsprechen: wie oben erwähnt, gilt die intuitionistische Adjunktion nur dann, wenn man die Wahrheit eines ihrer Glieder zeigen kann.

Jede Logik, die nicht allzu beschränkt sein will, muss irgendwie mit der Quantifikation zurechtkommen. Man kennt nicht nur eine quantifizierende intuitionistische Logik, sondern auch quantifizierende //89// mehrwertige Logiken und quantifizierende Modallogiken sowie Ansätze zu einer quantifizierenden Logik der Einstellungen zu Aussagen. Am Ende von Kapitel 2 und dann wieder am Ende von Kapitel 5 wurde angedeutet, dass sich im Zusammenhang mit der Bedeutung der Quantifikation in den beiden letzten Logiken schwierige Probleme ergeben.

Abweichungen auf dem Gebiet der Quantifikation sind relevant für die Ontologie – für die Frage, was existiert. Nach einer Theorie in Standardform gibt es genau die Gegenstände, die als Werte der quantifizierbaren Variablen vorgesehen sind. Das lässt sich kaum angreifen, denn ›(x)‹ und ›$(\exists x)$‹ werden erklärt durch die Wendungen ›jeder Gegenstand *x* ist so beschaffen, dass‹ und ›es gibt einen Gegenstand *x*, der so beschaffen ist, dass‹. Manche Sprachen haben vielleicht nichts, was eindeutig unserem Existenzausdruck ›es gibt‹ oder unseren Quantoren entspricht, aber man kann sie sicher nicht trennen.

Daher sind Abweichungen in der Quantifikationstheorie von gewissem philosophischem, ontologischem Interesse. Sie können sich darauf auswirken, was als existierend angesehen wird. Die abweichende intuitionistische Quantifikation (wenn ›Quantifikation‹ überhaupt noch der richtige Ausdruck ist) zieht eine abweichende Auffassung von der Existenz nach sich (wenn ›Existenz‹ überhaupt noch der richtige Ausdruck ist). Wenn der Intuitionist erklärt, er betrachte die und die Gegenstände als existierend, dann finden wir vielleicht nicht einmal, dass er die und die Gegenstände als existierend ansieht (ganz abgesehen davon, ob wir ihm recht gäben, wenn er es täte). Wir müssen erst seine Sprache in unsere übersetzen (nicht unbedingt in unsere Logik, aber in unsere Gesamtsprache), dann können *wir* sagen, was er als existierend ansieht (und zwar in *unserem* Sinne von ›existieren‹).

6.6 Verzweigte Quantoren

Im Rest dieses Kapitels werde ich mich mit abweichender Quantifikation auf der Grundlage der klassischen Logik der Wahrheitsfunktionen beschäftigen. Um den Grund für eine dieser Abweichungen einzusehen, wollen wir kurz Sätze mit mehreren Quantoren betrachten. Das Paar ›$\forall x \exists y$‹ sagt: Für jede Wahl von x kann ein y gewählt werden, so dass der folgende Satz wahr wird. Verschiedene x erfordern möglicherweise verschiedene y: Die Wahl von y hängt im Allgemeinen von der Wahl von x ab. Betrachten wir nun einen Satz ›$Fxyzw$‹ mit den Variablen ›x‹, ›y‹, ›z‹ und ›w‹. Angenommen, wir wollen sagen: Zu jedem x gibt es ein y, und zu jedem z gibt es ein w, so dass $Fxyzw$. Die Wahl von y soll nur von x abhängen und die Wahl von w nur von z. Schreiben wir aber

(1) $\forall x\ \exists y\ \forall z\ \exists w\ Fxyzw$,

so hängt die Wahl von w auch von x ab. Schreiben wir statt dessen //90//

(2) $\forall z\ \exists w\ \forall x\ \exists y\ Fxyzw$,

so hängt die Wahl von y auch von z ab. Als ein Weg, diese ungewollten Abhängigkeiten zu vermeiden, bietet sich folgende verzweigte Schreibweise an:

$$(3) \quad \begin{matrix} \forall x \exists y & \\ & Fxyzw \\ \forall z \exists w & \end{matrix}$$

Man kann zeigen, dass (1) und (2) nicht logisch äquivalent sind, und (3) ist weder mit (1) noch mit (2) logisch äquivalent. (3) und andere verzweigte Quantifikationen sind eine ergänzende logische Abweichung wie die Suffixe gegen Ende von Kapitel 5; aber sie fügen sich nahtlos an das Vorhergehende an.

Wenn wir über Funktionen quantifizieren, können wir (3) wieder folgendermaßen schreiben:

(4) $\exists f \exists g \forall x \forall z\, Fx(fx)z(gz)$.

Aber jetzt behaupten wir die Existenz bestimmter abstrakter Gegenstände: von Funktionen. Wir verlassen die Logik und treiben Mathematik der Funktionen, die sich auf die Mengenlehre, aber nicht auf die reine Logik zurückführen lässt.

Dieses Beispiel zeigt klar die ontologische Bedeutung jeder Verschärfung der Quantorenlogik. Mit (3) machen wir uns die Eigenschaften gewisser abstrakter Gegenstände, der Funktionen, zunutze, ohne die Funktionen als Gegenstände anerkennen zu müssen. Die verzweigte Formel (3) leistet dasselbe wie die mathematische Formel (4), ohne dass Funktionen als Werte von Variablen gebraucht werden.

Man könnte es für eine Schwäche der klassischen Quantifikation halten, dass sie (4) erfordert. Es könnte als unbillig erscheinen, dass man gezwungen wird, die Existenz abstrakter Gegenstände anzunehmen, nur um die Variable ›*y*‹ von ›*z*‹ unabhängig zu machen. Wer so denkt, wird die verzweigte Schreibweise (3) verwenden, um keine abstrakten Gegenstände annehmen zu müssen.

Andererseits gibt es sehr gute Gründe dafür, dass die alte Quantifikationsschreibweise, in der (3) nicht möglich ist, nicht willkürlich beschränkt ist. Vielmehr bestimmt sie eine einheitliche logische Theorie mit scharfen und sinnvollen Grenzen, heiße sie nun, wie sie wolle. Die Schärfe der Grenzen zeigt sich zum Beispiel an folgendem. Die alte Quantorenlogik besitzt vollständige Beweismethoden für die Gültigkeit ((B), Kapitel 4); ebenso für die Widersprüchlichkeit, denn um ein Schema als widersprüchlich darzutun, //91// brauchen wir nur die Gültigkeit seiner Negation zu beweisen. Aus Arbeiten von Craig, Henkin und anderen ergibt sich nun die bemerkenswerte Tatsache, dass in einer Logik mit der verzweigten Schreibweise (3) nicht mehr gleichzeitig vollständige Beweismethoden für die Gültigkeit und die Widersprüchlichkeit zur Verfügung stehen.[27]

Das heißt natürlich nicht, dass jede Erweiterung der klassischen Quantorenschreibweise die Vollständigkeit aufheben würde. Zum Beispiel hat eine Erweiterung, die nur endlich viele gültige oder widersprüchliche Formeln hinzufügt, nicht diese Wirkung. Die besondere Bedeutung von (3) liegt vielmehr darin, dass es so schien, als wäre die klassische Quantorenlogik, in der (3) nicht möglich ist, unnötig beschränkt. Dieser Verdacht ist nun durch die Ergebnisse hinsichtlich der vollständigen Beweismethoden widerlegt, indem gezeigt wurde, dass (3) eine weitaus stärkere Abweichung ist, als es schien.

Die bemerkenswerte Übereinstimmung der verschiedenen Definitionen der logischen Wahrheit (Kapitel 4) deutete schon darauf hin, dass die klassische Quantorenlogik eine feste und sinnvolle Einheit ist. Unsere jetzigen Betrachtungen über die verzweigte Quantifikation bestätigen diesen Eindruck. Ich möchte also die Grenze zwischen Logik und Mathematik mit der Grenze der klassischen Quantorenlogik gleichsetzen. Auf der Grundlage der klassischen Quantorenlogik möchte ich auch die ontologischen Konsequenzen einer Theorie bestimmen. Statt also (3) parallel zu (1) und (2) zu sehen, würde ich es eher als eine mathematische Formel ansehen, deren ontologischer Gehalt sich in (4) ausdrückt.

6.7 Einsetzungs-Quantifikation

Oben sprachen wir über den Zusammenhang zwischen Existenzquantifikation und Adjunktion. Wenn es endlich viele Gegenstände gibt und alle einen Namen haben, kann man die Quantifikation durch eine Adjunktion ersetzen oder als bloße Abkürzung für diese betrachten. Gibt es dagegen unendlich viele Gegenstände, so wäre die Adjunktion unendlich lang. In der Mitte von Kapitel 4 betrachteten wir Ausdrücke als endliche Folgen im mathematischen Sinne; dann ist der Übergang zu unendlichen Folgen nichts Gewagtes. Es wäre aber eine Abweichung von der gesamten grammatischen und dem Großteil der logischen Literatur einschließlich dieses Buches, wollte man mit unendlichen Ausdrücken arbeiten. Die Existenzquantifikation über einen unendlichen Bereich lässt sich nicht durch eine – endliche – Adjunktion ausdrücken.

Doch die Existenzquantifikation über einen unendlichen Bereich //92// lässt eine verlockende semantische Erklärung oder Wahrheitsbedingung zu – die allerdings keine Elimination ermöglicht –, solange alle Gegenstände Namen haben. Die Existenzquantifikation ist wahr genau dann, wenn mindestens einer ihrer Fälle – der durch Weglassen des Quantors und Einsetzen eines Namens für die Variable gewonnen wird – wahr ist.

Das über die Existenzquantifikation Gesagte gilt ebenso, *mutatis mutandis*, für die Allquantifikation. Wenn alle Gegenstände Namen haben, ist eine Allquantifikation wahr genau dann, wenn alle ihre Fälle wahr sind.

Unsere Standardgrammatik in ihrer strengsten Form enthielt keine Namen (Kapitel 2). Namen können mit Kontext-Definitionen nachgeahmt werden, daher konnten wir auf sie in unserer strengsten Standardgrammatik verzichten. Bei der semantischen Erklärung der Quantifikation ist das aber nicht gut möglich, weil in den Kontext-Definitionen Quantoren vorkommen. Daher wollen wir für die gegenwärtige Diskussion eine Standardgrammatik in einem weiteren Sinne zugrunde legen, die Namen zulässt.

Die genannten Wahrheitsbedingungen für die Quantifikation, bei denen Namen für Variablen eingesetzt werden, wurden von Ruth Marcus und anderen befürwortet. Sie stehen in einem merkwürdigen Gegensatz zur Tarskischen Wahrheitsbedingung ((5), Kapitel 3). Sie haben aber ebenfalls die in der Mitte von Kapitel 3 aufgezeigte Zirkularität an sich: Die Existenzquantifikation ist wahr, wenn *mindestens einer* ihrer Fälle wahr ist, und die Allquantifikation ist wahr, wenn *alle* ihre Fälle wahr sind. Der große Unterschied ist, dass (5) aus Kapitel 3 nur von den Werten von Variablen spricht und keine Namen gebraucht. Dafür ist (5) komplizierter.

Bis hierher haben wir keine Abweichung, nur verschiedene Beschreibungen derselben Quantifikation, solange alle Gegenstände einen Namen haben. Jetzt muss aber bemerkt werden, dass diese letzte Bedingung sehr einschneidend ist, selbst dann, wenn man voraussetzt, dass wir vorläufig bereit sind, Namen zuzulassen. In einer nicht allzu stark beschränkten Welt gibt es nämlich mehr Dinge, als man selbst mit unendlich vielen Namen benennen kann. Erinnern wir uns an die doppelte Nichtdeckung von Mengen und offenen Sätzen (Kapitel 4). Wir sahen, dass einige Mengen von keinem offenen Satz bestimmt wurden. Dann haben sie auch keinen Namen; denn eine Menge, die einen Namen hat, sagen wir ›a‹, wird durch den Satz ›$x \in a$‹ bestimmt.

Ein bekannteres Argument stützt sich auf den klassischen Satz der Mengenlehre, nach dem den Irrationalzahlen nicht lauter verschiedene ganze Zahlen zugeordnet werden können. Dagegen können allen Namen verschiedene ganze Zahlen zugeordnet werden, zum Beispiel nach der Methode Gödels. //93// Also können die Irrationalzahlen nicht lauter verschiedene Namen bekommen.

In Kapitel 4 sahen wir, dass die Einsetzungs-Definition der logischen Wahrheit auf dasselbe hinauslief wie die modelltheoretische Definition, solange die Objektsprache reich genug war. Wir sehen jetzt, dass für die Quantifikation das Umgekehrte gilt: In einer reichhaltigen Welt ist die Einsetzungs-Definition der Quantifikation nicht extensionsgleich mit ihrer Definition mit Gegenständen oder Werten von Variablen. Eine Existenzquantifikation kann aufgrund der Einsetzungs-Definition falsch und aufgrund der Gegenstands-Definition wahr sein, weil es vielleicht nur namenlose Gegenstände der geforderten Art gibt. Dass es namenlose Gegenstände in einer hinreichend reichhaltigen Welt gibt, lässt sich nicht verhindern. In einer solchen Welt ist die Einsetzungs-Quantifikation eine Abweichung.

6.8 Die Stärke der Einsetzungs-Quantifikation

Die eben erwähnte Abweichung besteht darin, dass gewisse Gegenstände außer Acht gelassen werden, nämlich die namenlosen. Die Einsetzungs-Quantifikation kann aber auch in der entgegengesetzten Richtung abweichen: es kann sein, dass die eingesetzten Ausdrücke nichts bezeichnen. Die Wahrheitsbedingung für die Einsetzungs-Quantifikation sprach ausdrücklich von der Einsetzung von Namen, aber man könnte statt dessen auch eine andere grammatische Kategorie nehmen. Enthält die Kategorie endlich viele Elemente, so sind die Quantifikationen wieder durch Adjunktionen und Konjunktionen ersetzbar. Ein Beispiel dafür lernten wir schon im späteren Teil von Kapitel 5 kennen: Die elimimierbare Quantifikation der Variablen ›α‹, ›β‹ usw., die an der Stelle von hundert einstelligen Prädikaten standen. Wir wollen jetzt eine Erweiterung dieser eliminierbaren Art der Quantifikation kennenlernen in Form einer nicht eliminierbaren Art der Einsetzungs-Quantifikation. Sie beruht auf der Scheintheorie der Klassen (Kapitel 5), und die Namen, von denen sie bei der Einsetzung für ihre Variablen ›α‹,

›β‹ usw. Gebrauch macht, sind die mit Hilfe der Kontext-Definition bestimmten abstrakten Gegenstände der Scheintheorie. Sollte die sich ergebende Quantifikation über Scheinklassen jemandem als ein Anlass zur Freude scheinen, will ich voll Kummer daran erinnern, dass diese Quantoren keine bloße Redeweise sind. Sie sind sehr schön definiert, aber nicht eliminierbar. Mehr noch: Da die abstrakten Scheinklassen und die ihnen entsprechenden Variablen nur nach ›∈‹ auftreten, kann man mit dem eingeführten Bereich der Klassen keine nennenswerte Mathematik treiben. //94//

Wird eine neue Art der Quantifikation definitorisch und damit eliminierbar eingeführt, dann brauchen wir natürlich keine Gegenstände als Werte der Variablen anzuerkennen. Es handelt sich um eine Scheinquantifikation mit scheinbaren ontologischen Konsequenzen. Die wirkliche Ontologie liegt bei den wirklichen Quantoren der Standardsprache, die die falschen Fassaden der Kontext-Definition unterstützt. Die Voraussetzung, dass hier die Standard-Grammatik gilt, ist sehr wichtig. Werden Modalitäten oder andere Konstruktionen neben den Wahrheitsfunktionen und Quantoren zugelassen, so erhöhen sie die Stärke oder den Gehalt der Theorien unvergleichlich viel mehr, als es durch Erweiterung des Gegenstandsbereichs möglich wäre; aber eben nur, wenn die Standard-Grammatik überschritten wird.

Die Einsetzungs-Quantifikation dagegen ist weder eine eliminierbare Nachahmung noch eine wirkliche Gegenstands-Quantifikation (außer wenn alle Gegenstände Namen haben). Sie bietet also nicht die Möglichkeit, mit einer leeren Ontologie, einem leeren Gegenstandsbereich auszukommen. Vielmehr ist sie eine nicht standardmäßige Ausdrucksweise, die mit der Sprache, in der wir von dem, was existiert, und von Werten von Variablen reden, nichts zu tun hat. Wenn aber jemand doch wissen möchte, was wohl für eine solche Theorie ein angemessener Gegenstandsbereich wäre, dann sollte er sie in eine Standardform mit Gegenstands-Quantifikation übersetzen. Dann kann er den Gegenstandsbereich der Theorie angeben – wobei freilich verschiedene mögliche Übersetzungen auch verschiedene Gegenstandsbereiche erfordern können. Eine etwas phantasielose Übersetzung der Einsetzungs-Quantifikation wäre ihre Übersetzung in eine Metasprache, in der wir über Zeichenfolgen, Verknüpfung, Einsetzung und Wahrheit sprechen – wir haben diese Art von Sprache in der Mitte von Kapitel 3 gestreift. Wenn wir die Zeichenfolgen nach Gödel mit Zahlen identifizieren, kommen wir zu den positiven ganzen Zahlen als Gegenstandsbereich. //95//

7. DIE GRUNDLAGE DER LOGISCHEN WAHRHEIT

7.1 Der Schein einer Theorie

Meine allgemeinste Definition der logischen Wahrheit am Ende von Kapitel 4 stützte sich auf zwei Dinge: die Grammatik, also etwas rein Sprachliches, und die Wahrheit, die nichts rein Sprachliches ist. Ein Satz ist logisch wahr, wenn alle Sätze mit seiner grammatischen Struktur wahr sind.

Das heißt also, so ist man versucht zu sagen, ein Satz ist logisch wahr, wenn er allein aufgrund seiner grammatischen Struktur wahr ist. So möchte ich aber nicht formulieren, denn das würde den Anschein erwecken, die Sprache mache die logischen Wahrheiten wahr – nur die Sprache und nicht die Beschaffenheit der Welt. Diese Theorie, die ich die linguistische Theorie der logischen Wahrheit nennen möchte, wurde von Carnap vertreten. Ich glaube aber, dass sie weniger für sich hat, als es auf den ersten Blick scheinen könnte.

Zugegeben, die grammatische Struktur ist etwas Sprachliches; aber das Lexikon ist es auch. Das Lexikon dient dazu, über die Welt zu sprechen; aber die grammatische Struktur auch. Eine logische Wahrheit, die ja unter allen Ersetzungen von Lexikon-Wörtern wahr bleibt, hängt also von keiner der Eigenschaften der Welt ab, die sich in Unterschieden zwischen Lexikon-Wörtern ausdrücken; aber könnte sie nicht von anderen Eigenschaften der Welt abhängen, – Eigenschaften, die sich nicht im Lexikon, sondern in den grammatischen Bildungsregeln unserer Sprache ausdrücken? Es hätte keinen Sinn, darauf hinzuweisen, dass die Grammatik für jede Sprache anders ist, denn das Lexikon ist es auch. Vielleicht sind die logischen Wahrheiten aufgrund von Eigenschaften der Wirklichkeit wahr, die in bestimmter Weise von der Grammatik einer Sprache, in anderer Weise von der Grammatik einer anderen Sprache und auf eine dritte Weise von der Grammatik und dem Lexikon einer dritten Sprache wiedergegeben werden.

In Kapitel 2 wurde darauf hingewiesen, dass sogar die Unterscheidung zwischen Grammatik und Lexikon immanent ist und dass man //96// dieselbe Sprache mit verschiedener Aufteilung zwischen Grammatik und Lexikon analysieren kann. Mit ihr aber ändert sich auch die Grenze zwischen den logischen und den außerlogischen Wahrheiten. Insofern hängt also die Abgrenzung der logischen Wahrheit von der Laune des beschreibenden Grammatikers ab. Aber man hat doch Hemmungen, einen Satz einmal aus rein sprachlichen Gründen und einmal zum Teil aufgrund der Beschaffenheit der Welt als wahr anzusehen, je nachdem, ob es dem Grammatiker beliebt, die schon vorhandene Sprache auf die eine oder die andere von zwei zulässigen Weisen zu beschreiben. Vielleicht könnte man alle jene Sätze als wahr aus rein sprachlichen Gründen (kurz: als *analytisch)* betrachten, die bei jeder zulässigen grammatischen Beschreibung der Sprache logisch wahr sind. Aber wir müssen jetzt einmal unserem Schwelgen in Worten Einhalt gebieten. Worauf wollen wir überhaupt hinaus, wenn wir einen Satz analytisch oder aus rein sprachlichen Gründen wahr nennen?

Stellen wir diese Frage, so verschiebt sich der Schwerpunkt unserer Analyse auf den Ausdruck ›wahr aufgrund von‹. Liegen gewisse Umstände und ein wahrer Satz vor, wie können wir überhaupt zeigen, dass der Satz aufgrund dieser Umstände wahr ist? Würde es genügen, wenn wir zeigen könnten, dass der Satz aus Sätzen, die diese Umstände beschreiben, logisch folgt? Aber die logischen Wahrheiten folgen logisch aus jedem beliebigen Satz. Damit wären die logischen Wahrheiten trivialerweise wahr aufgrund jeden beliebigen Umstands, den man anführen will – der Sprache, der Welt oder sonst etwas.

Ist die Logik eine Sammlung der allgemeinsten Eigenschaften der Wirklichkeit, oder ist sie nur ein Ausfluss sprachlicher Vereinbarung? Müssen alle vernünftigen Menschen die Logik anerkennen, oder hat jede Sprache ihre eigene Logik? Das sind klangvolle Fragen, die die tiefsten Schichten der Philosophie der Logik zu berühren scheinen. Offenbar passen die beiden Fragen gut zueinander; sie scheinen fast zwei Formulierungen derselben Frage zu sein. Nun hat sich die erste der zwei Fragen bzw. Formulierungen als nicht sinnvoll erwiesen, oder als zu vernünftig, indem sie überhaupt nichts fragt. Und die zweite hat sich am Anfang von Kapitel 6 als leer erwiesen. Wir sahen, dass die Logiken zweier Kulturen schlimmstenfalls unvergleichbar sind und nie miteinander in Konflikt stehen können, denn dieser würde zu Lasten unserer Übersetzung gehen. Das gleiche würde auch für einen logischen Abweichler in unserer eigenen Sprachgemeinschaft gelten: Wir würden seine Abweichung einfach als andere Ausdrucksweise deuten.

Dass die Logik so stark mit der Übersetzung verwoben ist, scheint auf den ersten Blick für die linguistische Theorie der logischen Wahrheit zu sprechen. Trotzdem haben wir diese Theorie als gehaltleer erkannt. Das erscheint nicht mehr als unvereinbar, wenn wir uns noch einmal klarmachen, warum die Logik so eng mit der Übersetzung zusammenhängt. Der Grund ist einfach der, dass die Logik evident ist, jedenfalls der Möglichkeit nach. Die logischen Wahrheiten hängen mit der Übersetzung nicht tiefer zusammen //97// als andere offensichtliche Wahrheiten, z.B. Äußerungen von ›Es regnet‹, wenn es regnet.

Wenn ich die logischen Wahrheiten evident oder der Möglichkeit nach evident nenne, dann erkläre ich damit nicht, warum sie wahr sind oder wie wir sie lernen. Ich meine nur, dass es nichts *Besonderes* mit der Untrennbarkeit von Logik und Übersetzung auf sich hat. Evidenz, woher sie auch komme, ist für die Untrennbarkeit schon hinreichend. Der Fehler ist, dass man versucht ist, aus der Untrennbarkeit eine linguistische Theorie der logischen Wahrheit abzuleiten, statt einfach aus der Evidenz.

Die beiden Zusammenbrüche, die wir soeben beobachtet haben, ähneln sich sehr in Form und Wirkung. (1) Die Logik ist aufgrund der Sprache wahr nur insofern, als sie trivialerweise aufgrund von allem und jedem wahr ist. (2) Die Logik ist von der Übersetzung untrennbar nur insofern, als alles Evidente von der Übersetzung untrennbar ist.

Ein weiterer Umstand, der zu dem Glauben führt, die Logik sei ganz besonders eine Sache der Sprache, wurde am Ende von Kapitel 1 und am Anfang von Kapitel 2 erwähnt: die indirekte Verallgemeinerung, die uns veranlasst, über Sätze und damit über die Sprache zu sprechen. Einige, die die Logik von der Sprache trennen wollten, haben Propositionen eingeführt. Ihre Absicht, die Logik von der Sprache zu trennen, verdient mehr Beifall als das klägliche Mittel. Aber auch die Absicht verdient nicht viel Beifall, weil – wie ich auf früheren Seiten geltend gemacht habe – das Prädikat ›wahr‹ schon vorhanden ist und recht gut hilft, die Logik von der Sprache zu trennen. Es hat bei der indirekten Verallgemeinerung die wichtige Aufgabe, die Anführungszeichen rückgängig zu machen. Die Logik spricht zwar viel von der Sprache, ist aber auf die Welt und nicht auf die Sprache orientiert; und das Prädikat ›wahr‹ bewirkt das.

Wir haben enge Verbindungen zwischen Logik und Sprache festgestellt. Da gibt es die durch den semantischen Aufstieg bewirkte indirekte Verallgemeinerung. Da ist die Rolle der grammatischen Struktur bei der

Unterscheidung von logischen und außerlogischen Wahrheiten. Da ist die Bedeutung der Logik bei der Übersetzung. Wir haben auch eine Tendenz festgestellt, eine noch engere Verbindung zwischen Logik und Sprache zu sehen, als wir sinnvoll finden konnten: die linguistische Theorie der logischen Wahrheit, die Vorstellung, die Logik sei analytisch.

7.2 Eine unhaltbare Zweiteilung

Unter einem noch allgemeineren Blickwinkel können wir drei Tatsachen festhalten, die mindestens zu der Hoffnung berechtigen, dass die Logik eine andere Grundlage als die Naturwissenschaft hat, auch wenn man nicht von einer ausdrücklich linguistischen Theorie der logischen Wahrheit ausgeht. Eine dieser Tatsachen ist die bemerkenswerte Evidenz oder potentielle Evidenz der //98// logischen Wahrheit. Wir sahen, wie diese Tatsache scheinbar für eine linguistische Theorie der logischen Wahrheit spricht: aber auch wenn man nicht in diesen Fehler verfällt, zeichnet diese Tatsache doch die Logik deutlich vor anderen Wissenschaften aus. Eine zweite Tatsache ist der Mangel an speziellem Inhalt: Die Logik konzentriert sich nicht auf einen bestimmten Teil des Lexikons oder auf einen bestimmten Teilbereich des Wertebereichs der Variablen. Die dritte Tatsache ist die universelle Verwendbarkeit der Logik. Sie ist eine Dienerin aller Wissenschaften, einschließlich der Mathematik.

Es ist interessant, die Logik in diesen drei Punkten mit der Mathematik zu vergleichen. Die Mathematik ist sicher nicht durchweg evident, auch nicht die elementare Zahlentheorie; sie besitzt nicht einmal ein vollständiges Beweisverfahren. Größere Teile der Mathematik sind der Möglichkeit nach evident. Andere Teile lassen sich von nichtevidenten Grundlagen aus mit lauter evidenten Einzelschritten aufbauen, doch diese Schritte sind meist logische. Was also ins Auge springt, ist nicht so sehr eine Verwandtschaft der Mathematik zur Logik, sondern die außerordentliche Brauchbarkeit der Logik als Dienerin der Mathematik.

Auch in Bezug auf den zweiten Punkt steht die Mathematik in der Mitte. Sie hat im Unterschied zur Logik ihr bevorzugtes Lexikon und bestimmte relevante Werte der Variablen. Aber gegenüber der Naturwissenschaft verhält sich die Mathematik so neutral wie die Logik. Die Begriffe und Gegenstände der Mathematik stehen meist keiner Naturwissenschaft näher als einer anderen.

In Bezug auf den dritten Punkt schließlich, die vielseitige Anwendbarkeit, ist die Mathematik unübertrefflich. In gewissem Umfang ist sie eine Dienerin aller Naturwissenschaften, für viele sogar in einem entscheidendem Umfang. Auf die Gefahr hin, das Bild zu ruinieren, könnte man sagen, dass es diese Promiskuität ist, die die Mathematik und Logik einerseits von den übrigen Wissenschaften andererseits sehr stark unterscheidet.

Wegen der beiden letzten Tatsachen – der Relevanz und der Neutralität von Logik und Mathematik gegenüber allen Wissenschaften – pflegt man eine scharfe Grenze zwischen diesen beiden und den Naturwissenschaften zu ziehen. Diesen wird der Informationsgehalt zugeschrieben; Logik und Mathematik dienen nur zu seiner Verarbeitung. Das ist ein interessanter Aspekt, aber man darf ihn nicht zu wörtlich nehmen. Welchen präzisen Begriff von Information könnten wir zugrunde legen? Am Anfang von Kapitel 1 spekulierten wir über zwei sehr anspruchsvolle Informationsbegriffe, einen kosmologischen und einen erkenntnistheoretischen: die Verteilung der physikalischen Elementarteilchen und die der Sinnesdaten. Könnte man jedem wissenschaftlichen Satz einen bestimmten Informationsgehalt im einen oder im anderen Sinne zuschreiben, so würde das die Lehre vom analytischen Charakter der Logik erhärten: Die analytischen Sätze, zu denen die Sätze der Logik und //99// Mathematik gehören würden, würden sich von den empirischen Wahrheiten durch ihren Mangel an Informationsgehalt unterscheiden. Aber es ist eben ein Mythos, dass man den Sätzen generell einen Informationsgehalt zuordnen kann.

Wenn einmal eine scharfe Grenze zwischen der Logik und Mathematik einerseits und den Naturwissenschaften andererseits gezogen ist, dann werden alle Sinnesdaten den Naturwissenschaften zugerechnet. Logik und Mathematik haben nach dieser Auffassung nichts mit den Daten zu tun. Sie dürfen den Naturwissenschaften dienen, aber es ist kein Gedanke daran, dass sie durch Erfolge auf diesem Gebiet bestätigt würden. Die Trennwand zwischen den Naturwissenschaften auf der einen Seite und der Logik und Mathematik auf der anderen ist nur in einer Richtung durchlässig.

Nicht, dass die Sätze der Logik und Mathematik wegen dieses Mangels an empirischer Stützung angezweifelt würden. Im Gegenteil, man ist zu großzügig. Man glaubt, sie könnten auch nicht empirisch widerlegt werden. Ich beschwere mich hier nicht über eine Ungerechtigkeit gegenüber der Logik und Mathematik, sondern über die scharfe Trennung.

Es wird vergessen, wie weit gewisse Theorien von jeder auch nur indirekt relevanten Beobachtung entfernt sein können und immer noch als Physik gelten. Eine physikalische Teiltheorie kann stark mit Mathematik durchsetzt sein, aber sie gilt immer noch als Physik, solange sie ein gemischtes Lexikon hat. Alles, was ein solches Stück Physik zum Gesamtzusammenhang der Physik und damit letzten Endes zur Ordnung der Beobachtungsdaten beiträgt, wird ihm als indirekte empirische Bestätigung angerechnet. Der mathematische und logische Anteil aber, losgelöst vom physikalischen Lexikon, wird nicht als Physik angesehen. Seine indirekte Verbindung mit der Beobachtung – die darin besteht, dass er Teil der gesamten theoretischen Physik ist – wird nur als empirische Bestätigung für den physikalischen Teil der Theorie angesehen.

Der Fehler liegt darin, dass man die terminologischen Abgrenzungen zwischen den Wissenschaften zu ernst nimmt. Statt die empirischen Daten als Bestätigung für das Gesamtsystem der Wissenschaft zu nehmen, zu dem auch Mathematik und Logik als wesentliche Bestandteile gehören, stellen sich die Leute vor, die Daten drängen nur bis an die Grenze zwischen dem vor, was sie theoretische Physik und was sie Mathematik nennen.

Kein Wunder, dass man dann nach einer besonderen Grundlage für die mathematische und die logische Wahrheit sucht. Es sind die sichersten Wissenschaften, und man gesteht ihnen kein bisschen empirische Bestätigung zu. Andere Gründe, die wir betrachtet und kritisiert haben, werden diese Philosophen bereits der linguistischen Theorie //100// der logischen Wahrheit geneigt gemacht haben. Nun finden sie die Logik und die Mathematik zusammen hinter dem Zaun, also ziehen sie auch für beide die linguistische Theorie heran.

7.3 Der Ort der Logik

Es gibt allerdings einige, die behaupten, die Arithmetik werde durch die Beobachtung direkt bestätigt. Man tue sieben Kaninchen in einen Stall, füge fünf dazu, dann sind es eine zeitlang zwölf. Wenn ich mich für die Ähnlichkeit von Mathematik und Naturwissenschaft einsetze, dann meine ich nicht so etwas. Das ›+‹ in ›7 + 5‹ hat nichts mit der Anordnung von Gegenständen im Raume zu tun, noch weniger mit der Konstanz einer Anzahl von Kaninchen in der Zeit. Sind in einem Augenblick sieben Kaninchen in einem Raumgebiet und fünf in einem anderen, das sich mit dem ersten nicht überschneidet, dann sind in diesem Augenblick zwölf Kaninchen in dem Gebiet, das aus der Vereinigung der beiden Gebiete besteht (und nicht zusammenhängend sein muss). Das ist alles, was man aufgrund von ›7 + 5 = 12‹ über Kaninchen sagen kann.

Die Verwandtschaft, an die ich denke, besteht vielmehr mit den allgemeinsten und systematischsten Aspekten der Naturwissenschaft, die von den Beobachtungen am weitesten entfernt sind. Mathematik und Logik werden durch Beobachtungen nur in dem gleichen indirekten Sinne bestätigt wie diese Aspekte der Naturwissenschaft, nämlich als Teile eines Ganzen, das an seinem empirischen Rand mit der Beobachtung konfrontiert wird. Ich behaupte weder, die Logik und Mathematik sei empirisch, noch die theoretische Physik sei nicht empirisch; vielmehr: Es gibt Ähnlichkeiten und nur Unterschiede des Grades.

Ein Beispiel ist der in der Mitte von Kapitel 6 besprochene Vorschlag, die Logik um der Quantenmechanik willen zu ändern. Ob das empfehlenswert ist, ist fraglich, aber interessant ist hier, dass überhaupt ein solcher Vorschlag gemacht worden ist. Die Logik ist grundsätzlich ebenso revidierbar wie die Quantenmechanik oder die Relativitätstheorie. Jede dieser Disziplinen strebt nach einem möglichst handlichen und einfachen System der Welt (Newton), das an seinem Rande gut auf die Beobachtungen passt. Wenn selten Änderungen vorgeschlagen werden, die so tief gehen, dass sie die Logik berühren, dann hat das einen guten Grund: das Prinzip der minimalen Verstümmelung (Kapitel 6). Dieses Prinzip kann die Art der Notwendigkeit erklären, die mit der logischen und mathematischen Wahrheit verbunden ist.

Eins kann man aber zugunsten der linguistischen Theorie der logischen Wahrheit sagen: Wir lernen die Logik, indem wir die Sprache lernen. Das unterscheidet aber die Logik nicht von weiten Gebieten des Alltagswissens, die man im Allgemeinen empirisch nennt. Man kann das Wissen nicht in zwei Teile einteilen, von denen sich einer auf die Sprache beschränkt und der andere darüber hinausgeht. Offensichtlich hängt die Wahrheit des nebensächlichsten empirischen Satzes zum Teil von der Sprache ab; //101// es könnte ja leicht sein, dass das Wort ›töten‹ in unserer Sprache so gebraucht würde, dass ›Brutus tötete Cäsar‹ falsch wäre. Doch die Grenze zwischen den Sätzen, die ausschließlich aus sprachlichen Gründen wahr sind, also den analytischen Sätzen, und denen, die nur zum Teil aus sprachlichen Gründen wahr sind, diese Grenze ist nach unseren Betrachtungen ins Wanken geraten und hat sich aufgelöst.

Carnap hat in seiner linguistischen Theorie der logischen Wahrheit die Sprache wie ein formales deduktives System dargestellt: es gibt *Bildungsregeln* und *Umformungsregeln.* Die Bildungsregeln liefern die Grammatik und das Lexikon. Sie entsprechen den Regeln, die bei einem formalen deduktiven System die Schreibweise angeben – die Regeln, die das bestimmen, was Church ›wohlgeformte Formeln‹ nennt. Die Umformungsregeln liefern die logischen Wahrheiten (ebenso die mathematischen, eben die analytischen Wahrheiten generell). Sie entsprechen den Axiomen und Ableitungsregeln eines formalen deduktiven Systems. Grammatik und Logik sind damit für Carnap gleichgeordnet; eine Sprache hat ihre Grammatik und ihre Logik.

Carnap erblickt nur eine Analogie zwischen Sprachen und formalen Systemen, und er erkennt an, dass weder die Umformungsregeln noch die Bildungsregeln denen, die eine natürliche Sprache als Muttersprache lernen, bewusst sind. Ich bin aber der Auffassung, dass diese Analogie günstigenfalls unfruchtbar ist – obwohl ich eine enge Verbindung zwischen Logik und Grammatik sehe.

Man verzichtet am besten auf die Analogie und fragt sich statt dessen, wie ein Kind wirklich die Sprache lernt und alle jene Wahrheiten oder Meinungen, die damit verbunden sind. Dabei handelt es sich nicht nur um logische Wahrheiten, auch nicht nur um mathematische, nicht einmal nur um analytische, wenn wir diesen Begriff überhaupt für sinnvoll halten. Unter diesen Wahrheiten und Meinungen zeichnen sich die logischen Wahrheiten ja, wie wir wissen, nur dadurch aus, dass alle Sätze mit derselben grammatischen Struktur ebenfalls wahr sind.

Unter diesem Gesichtspunkt finden sich die verschiedenen hervorstechenden Eigenschaften der logischen Wahrheiten zwanglos zusammen. Nehmen wir zunächst die Rolle der Grammatik in der Sprache. Jeder, von dem man sagt, er habe eine Sprache gelernt (diese Sprache und nicht irgendeinen verwandten Dialekt), wird ihre Grammatik gelernt haben. Die Sprecher der Sprache haben einen verschiedenen Wortschatz, d.h. eine verschiedene Kenntnis des Lexikons, die von ihren Interessen und ihrer Ausbildung abhängt; aber die Grammatik haben sie alle gemeinsam. Wer von der Grammatik abweicht, wird entweder als Fremder angesehen, der die Sprache nicht beherrscht, oder als ein Einheimischer mit einem anderen Dialekt. Alle, die die Sprache sprechen, verwenden dieselben grammatischen Konstruktionen, worüber sie auch sprechen und welchen Teil des Lexikons sie auch anwenden. Da nun die logischen Wahrheiten zur //102// Grammatik und nicht zum Lexikon gehören, werden die Sprecher der Sprache über diese Wahrheiten am ehesten übereinstimmen (abgesehen von Fällen, wo sie zu kompliziert sind). Denn nur auf dem Gebiet des Lexikons, nicht auf dem Gebiet der Grammatik gibt es Unterschiede zwischen den Sprechern; die logischen Wahrheiten aber bleiben wahr bei allen Ersetzungen von Lexikon-Wörtern. Die Gewohnheit, diese Wahrheiten anzuerkennen, wird auf natürliche Weise Hand in Hand mit den grammatischen Gewohnheiten erworben. Daher sind die logischen Wahrheiten, jedenfalls die einfachen, selbstverständlich; jedermann stimmt ihnen ohne Zögern zu, wenn er danach gefragt wird. Die logischen Wahrheiten sind evident, oder der Möglichkeit nach evident, in dem verhaltensmäßigen Sinne, in dem ich diesen Ausdruck gebrauche.

Eine zweite hervorstechende Eigenschaft der logischen Wahrheiten besteht in unserer Tendenz, bei der Verallgemeinerung über sie semantisch aufzusteigen. Das erklärt sich wiederum aus der Unveränderlichkeit der logischen Wahrheit bei Ersetzung von Lexikon-Wörtern. Die einzige Allgemeinheit, die durch Quantifikation innerhalb der Objektsprache erreichbar ist, also keinen semantischen Aufstieg erfordert, ist eine Allgemeinheit, die die Prädikate fest lässt und nur über die Werte der Gegenstandsvariablen verallgemeinert. Wollen wir auch die Prädikate variieren, wie das für die logische Theorie nötig ist, so müssen wir semantisch aufsteigen.

Eine dritte hervorstechende Eigenschaft war die universelle Anwendbarkeit der Logik, ihre neutrale Beteiligung an allen Wissenschaften. Auch das erklärt sich aus der Unveränderlichkeit der logischen Wahrheit bei Ersetzung von Lexikon-Wörtern. Das Lexikon bedient die verschiedenen Interessen. Grammatik und Logik sind der Hauptbetrieb und dienen allen.

134 → **135**

ANMERKUNGEN

1 *Alice hinter den Spiegeln (Through the Looking-Glass and What Alice Found There)*, 4. Kapitel [Anm. d. Bearbeiters].

2 Seitenzahl des englischen Originaltextes.

3 Muss wohl ›Mensch‹ heißen [Anm. d. Übersetzers].

4 Dieser Punkt machte L. J. Cohen Sorgen: *The Diversity of Meaning* (London: Methuen 1962), S. 232.

5 Siehe Norman Kretzmann, »Syncategorematic«, *The Encyclopedia of Philosophy* (New York: Macmillan 1967), VII, 373.

6 Siehe meine *Methods of Logic*, 4. Aufl. (Cambridge: Harvard 1982), § 45.

7 Hier bin ich George Boolos und James A. Thomas zu Dank verpflichtet.

8 Zum Beispiel im letzten Kapitel meiner *Mathematical Logic*. Man beachte aber, dass die Gedanken im gegenwärtigen Abschnitt und den beiden vorhergehenden bis auf Einzelheiten von Tarski stammen.

9 Ein Beispiel findet sich bei John R. Myhill, A complete theory of natural, rational, and real numbers, *Journal of Symbolic Logic* 15 (1950), 185–196.

10 Quine, *Methods of Logic*, 4. Aufl. (Cambridge: Harvard 1982), §§ 26–28 und *Elementary Logic*, verbesserte Aufl. (Cambridge: Harvard 1966), §§ 40–42.

11 Siehe z.B. *Methods of Logic*, S. 117.

12 Op. cit., § 33.

13 Op. cit., S. 117.

14 David Makinson hat bemerkt, dass wir dieses Argument ein wenig komplizierter machen müssen, wenn das Schema freie ›*x*‹, ›*y*‹, etc. enthält.

15 Op. cit., § 32.

16 Eine solche Beweismethode ist die »main method«, op. cit., § 30.

17 Gilbert Harman, Besprechung in *Metaphilosophy* 1971.

18 Darauf hat mich Mark L. Wilson hingewiesen.

19 Siehe Jean van Heijenoort, Hrsg., *From Frege to Gödel* (Cambridge: Harvard 1967), S. 589 (Theorem VII).

20 Siehe *Methods of Logic*, § 34.

21 Der Beweis folgt in Grundzügen *Mathematical Logic*, § 18.

22 Siehe mein Buch *Set Theory and Its Logic* (Cambridge: Harvard 1963, 1969), S. 15.

23 Quine verwendet hier und an anderen Stellen den Ausdruck ›(x)‹ für den Ausdruck ›∀x‹ und den Punkt nicht nur als Zeichen für die Konjunktion, sondern auch als Zeichen für Klammern. Die Formel läßt sich dann folgendermaßen übersetzen: $\forall x\ ((x \in z) \equiv Fx)$ [Anm. d. Bearbeiters].

24 Diese Festsetzung erfordert gewisse technische Verfeinerungen, die ich hier übergehe. Siehe mein Buch *Set Theory and Its Logic*, S. 16 f.

25 Eine ausführlichere Behandlung der Theorie der Scheinklassen und Scheinrelationen sowie Hinweise auf frühere Arbeiten von R. M. Martin und anderen finden sich in meinem Buch *Set Theory and Its Logic*, §§ 2–3.

26 Der Beweis findet sich wieder im Wesentlichen in § 18 von *Mathematical Logic*.

27 Siehe »Existence and quantification« in meinem Buch *Ontological Relativity and Other Essays* (New York: Columbia Univ. 1969).

LITERATURHINWEISE

Die Literaturhinweise wurden für diese Ausgabe um deutschsprachige Übersetzungen der genannten Werke Quines ergänzt [Anm. d. Bearbeiters].

Kapitel 1: Bedeutung und Wahrheit

Quine, W. V., *Ontological Relativity and Other Essays*, Essays 1, 3 und 6. New York: Columbia University Press 1969. [*Ontologische Relativität und andere Schriften*, übers. v. Wolfgang Spohn. Stuttgart: Reclam 1975 u.ö.; *Ontologische Relativität und andere Schriften*, übers. v. Wolfgang Spohn. Frankfurt a. M.: Klostermann 2003.]

–, *Word and Object*, Kapitel I und II. Cambridge, Mass.: M.I.T. Press 1960. [*Wort und Gegenstand*, übers. v. Joachim Schulte in Zusammenarbeit mit Dieter Birnbacher. Stuttgart: Reclam 1980 u.ö.]

Kapitel 2: Grammatik

Chomsky, Noam, *Syntactic Structures*. Den Haag: Mouton 1957.

Davidson, Donald, The Logical Form of Action Sentences, in: *The Logic of Action and Preference*, hrsg. v. Nicholas Rescher. Pittsburgh: University Press 1967.

Føllesdal, Dagfinn, Knowledge, Identity, and Existence, *Theoria* 33 (1967), 1–27.

Hiž, Henry, The Intuitions of Grammatical Categories, *Methodos* 12 (1960), 311–319.

Quine, W. V., *Elementary Logic*, verbesserte Aufl. Cambridge, Mass.: Harvard University Press 1966.

–, *From a Logical Point of View*, 2. Aufl., Essays III und VIII. Cambridge, Mass.: Harvard University Press 1961. [*Von einem logischen Standpunkt: neun logisch-philosophische Essays*, (übers. und) mit einem Nachwort v. Peter Bosch. Frankfurt a. M.: Ullstein 1979.]

–, *Methods of Logic*, 4. Aufl. Cambridge, Mass.: Harvard University Press 1982. [*Grundzüge der Logik*, übers. v. Dirk Siefkes. Frankfurt a. M.: Suhrkamp 1974 u.ö.]

–, *Selected Logic Papers*, Aufsatz XXIII. New York: Random House 1966.

–, *Word and Object*, Kapitel V und VI.

Kapitel 3: Wahrheit

Quine, W. V., *Mathematical Logic*, verbesserte Aufl., Abschnitt 6 und Kapitel VII. Cambridge, Mass.: Harvard University Press 1951.

–, *Set Theory and Its Logic*, verbesserte Aufl., Kapitel I–IV. Cambridge, Mass.: Harvard University Press 1969. [*Mengenlehre und ihre Logik*, übers. v. Anneliese Oberschelp. Frankfurt a. M.: Ullstein 1978.]

Tarski, Alfred, The Concept of Truth in Formalized Languages, in: *Logic, Semantics, Metamathematics*. Oxford: Clarendon Press 1956, 152–278. Dies ist eine Übersetzung der deutschen Fassung von 1936.

Kapitel 4: Logische Wahrheit

Quine, W. V., *Selected Logic Papers*, Aufsätze II und XIX.

Van Heijenoort, Jean, Hrsg., *From Frege to Gödel*. Cambridge, Mass.: Harvard University Press 1967, 508–524, 578–616.

Kapitel 5: Der Bereich der Logik

Feys, Robert, *Modal Logic*. Paris: Gauthier-Villars 1965.

Martin, Richard M., A Homogeneous System for Formal Logic, *Journal of Symbolic Logic* 8 (1943), 1–23.

Quine, W. V., *Set Theory and Its Logic*, Kapitel XI.

Kapitel 6: Abweichende Logiken

Birkhoff, Garrett / von Neumann, John, The Logic of Quantum Mechanics, *Annals of Mathematics* 37 (1936), 823–843.

Heyting, Arend, *Intuitionism*. Amsterdam: North-Holland 1956.

Marcus, Ruth B., Modalities and Intensional Languages, *Synthese* 13 (1961), 303–322.

Popper, Karl R., Birkhoff and von Neumann's Interpretation of Quantum Mechanics, *Nature* 219 (1968), 682–685.

Quine, W. V., *Ontological Relativity*, Essay 4.

Rosser, J. Barkley / Turquette, Atwell R., *Many-Valued Logics*. Amsterdam: North-Holland 1952.

Van Heijenoort, Jean, Hrsg., *From Frege to Gödel*, 446–463.

Weyl, Hermann, *Das Kontinuum* (1918). New York: Chelsea 1960.

Kapitel 7: Die Grundlage der logischen Wahrheit

Carnap, Rudolf, *Philosophy and Logical Syntax*. London: Routledge & Kegan Paul 1935.

Quine, W. V., *From a Logical Point of View*, Essay II.

–, *The Ways of Paradox and Other Essays*, erweiterte Aufl., Essay 12. Cambridge, Mass.: Harvard University Press 1976.

White, Morton, The Analytic and the Synthetic: an Untenable Dualism, in: *John Dewey: Philosopher of Science and Freedom*, hrsg. v. S. Hook. New York: Dial 1950.

REGISTER

Kursive Seitenzahlen bezeichnen Stellen, an denen ein Stichwort eingeführt, definiert oder besonders eingehend behandelt wird.